なるほど古代人謎解き一〇〇話

瀧音能之——編
Yoshiyuki Takioto

東京堂出版

はじめに

いっときのような古代史ブームは去ったようであるが、それでも書店の歴史コーナーへ行くと、多くの古代史関係の書籍がならんでいる。しかし、案外、知りたいことを書いた本がない、という経験をされた方が多いのではなかろうか。

わたし自身、ちょっと気になることやおやっと思ったことを、幅広く簡潔にわかりやすく書いたもの、いわば総ざらえ古代史入門のような書籍があったら良いのにとつねづね思っていた。今回、五人の方々の協力を得て、そうしたコンセプトででき上がったのが本書である。

はじめに東京堂出版から執筆の打診をいただいたときには、小項目で一〇〇テーマを書けばよいのであるから割とスムーズにはかどると考えていたが、これがどうしてどうして大変であった。古代史に限らず歴史、いやすべての分野が細分化している現代では、その全体像を要領よくつかむことはとても大変なことであると思い知らされた。そのことは、知りたいと思うことに限ってよくわからない、という現実に直面するたびに何度も感じたことである。あらためて執筆に協力してくれた五人にお礼を申しあげる次第である。

また、この企画をもちかけて下さった東京堂出版の堀川隆氏と編集にあたってくれた林謙介氏に感謝申し上げる。堀川氏には、早くに依頼されたのになかなか出版にまでこぎつけないことにご心配をおかけしたことと思う。また、林氏には約束した期日までに原稿が上がらぬことが再三であり、ご迷惑をおかけした。本書がこうして刊行できたのはお二人が辛抱強く見守ってくれたおかげと思っている。

ともあれ、ここに本書が出版される日を迎え、ほっとしている。とりあげた一〇〇のテーマは、どれもちょっと読んでみたいというものばかりではないだろうか。本書によって古代史の面白さ・楽しさを少しでも感じていただき、興味をもっていただければ、何よりである。

二〇一二年二月

瀧音能之

第四部 古代人の食べ物

第五部 古代人の言葉

第六部 古代人の都市と住居

本文デザイン●松倉 浩

古代人なるほど謎解き100話

01

身長

骨からわかる日本人の身長

出土人骨からわかること

遺跡の発掘調査をおこなっていると、人骨が出土する場面に遭遇する場合が多々ある。その際は、出土した遺構や一緒に確認された遺物に関する情報のほかに、人骨自体の分析結果を発掘調査報告書に載せることが一般的である。なぜなら、発掘された人骨を細かく観察・分析していくことにより、当時における人々の暮らしぶりや健康状態、さらには、その人がどのような原因で亡くなってしまったのかといったことも、ある程度、推測することができるからである。

さらには、出土人骨から生前の人々の身長を推定する試みもなされている。この試みは、上腕骨や大腿骨、脛骨といった人骨のパーツと身長との間に高い相関関係があることを大前提としている。

研究の方法としては、出土した四肢骨の最大長が計測可能であった場合に限られるが、それを計測することにより、身長を推定していく。これにより、私たちの祖先の身長が、どの程度であったのかを知ることができるようになる。また、遺跡から出土する人骨を時代ごとに集計・分析し、並べていくことにより、私たちは、縄文時代から現代にいたる人々の身長の変化を視覚的にとらえることが可能になると考えられている。

出土した骨からみた原始・古代日本人の身長

今日に至るまで、多くの研究者が、昔の人々の身長について研究をおこなっている。その結果、各時代における時間軸の長さへの対応や地域差、階級差といったさまざまな問題点が指摘されているものの、縄文時代の男：一五七㎝前後、女：一四八㎝前後、弥生時代末葉の男：一六四㎝前後、女：一五〇㎝前後、古墳時代の男：一六三㎝前後、女一五一㎝前後であったと推定されている。また、奈良時代以降から、身長が下がっていくことも明らかにされており、明治時代初期には、男：約一五五㎝、女：約一四四㎝であったとされている。ちなみに、現代の男性の平均身長は、約一七一㎝、女性は、約一五八㎝である。

この縄文時代から弥生時代の身長の急激な増加や明治初期にいたる減少傾向、また、そこから現代にいたる大幅な身長の増加については、当時の社会背景と密接にリンクしていることが考えられている。

近年では、富山市の小竹貝塚や茨城県の若海貝塚、沖縄県のハンタ原遺跡などから、推定身長一七〇㎝前後の人骨が確認されており、縄文時代には、現代人と変わらない身長の人々もいたことが、明らかになってきている。

02

体型

縄文人はずんぐり、弥生人はすっきり

原日本人の体型

第二次世界大戦に敗れて以後、日本人の食生活は大きな変化をみせ、それにともなって体型も一変した。したがって、現代人の体型から古代人の姿を想像することは難しい。

そもそも日本列島に人が住みついたのは、新人の段階といわれている。日本列島でみつかっている石器で最も古いものは約八～四万年前のものといわれている。一時は六〇万年前の石器がみつかったということで大騒ぎになったが、それはのちにねつ造されたものであることが明らかになった。

化石人骨としては、昭和六年（一九三一）に直良信夫氏が明石で発見した人骨（明石人）が原人とされたこともあったが、現在では完新世段階の新人とする説が有力である。他には、更新世段階の新人として静岡県の浜北人や沖縄県の港川人などがあげられる。これらの系統が縄文人になっていく。

縄文人と弥生人

縄文人は古モンゴロイドとよばれる人種に属する。小柄でずんぐり型で、顔は四角形でえらが張っていて横幅が広いという特徴がみられる。

さらに、顔の特徴をみるならば、眉毛は濃く、目は大きくて二重である。耳たぶは発達してたれ下がっていて、鼻は鼻孔がやや広い。口唇は、どちらかというと厚いのがふつうである。全体的にがっちりした体型といえるであろう。

こうした古モンゴロイドのタイプに、弥生時代になると新たに寒冷地に適したタイプの人種が渡来してくる。これが新モンゴロイドとよばれる系統で弥生人ということになる。弥生人は先住の縄文人と比べて明らかに異なった顔だちをもっていた。特徴的には、顔は面長で、頬骨が張り出しているのが一般的であった。眉毛は薄く、目は細くて一重である。鼻は低くてやや長目とされる。口唇は薄いことが多い。縄文人がどちらかというと厚くるしい感じなのに対して、弥生人はすっきりとした体型であった。

したがって、古モンゴロイドと新モンゴロイドとの間にたがいに混血がくり返され、古代の日本人の体型ができあがったといえる。

03

髪型

髪型を決める法律もあった

縄文・弥生・古墳時代の髪型

古代人がどのような髪型であったかについては、時代が古くなればなるほど不明な点が多い。たとえば縄文時代の場合、土偶くらいしか手がかりがないのが実情である。その土偶から推測できるのは、頭の上にまげをつくる結髪と首くらいに髪をそろえてたらす垂髪の両方があったことである。これらは女性の髪型と思われる。

弥生時代の髪型を考えるための史料としては、『魏志』倭人伝が残されている。これが弥生時代の日本人の実態をどれだけ正しくのべているかについては疑問も残るが、どうやら男子も女子も頭にまげを結うヘアースタイルであったようである。

古墳時代になると人物埴輪から人々の髪型を推測することが可能である。それによると、男子はみずらを左右につくったり、頭頂にまげを結っていたりしていたようである。それに対して、女子は長く伸ばした髪を頭の上でひとつに束ね、その先端を前後に分けてまんなかでしばる形で、いわゆる島田風のまげを結っていた。やはり、女性の方がおしゃれだった。これらはいずれも支配者層の髪型と考えられる。

唐風化する髪型

飛鳥・白鳳時代になってくると、当初は前時代のような髪型を踏襲していたが、次第に律令制の導入を意識して髪型も唐風化していく。

たとえば、天武天皇一一年（六八二）には、男女すべてに結髪令が出されている。これも唐風化の一例といえよう。しかし、この法令は女子には、はなはだ不評であったようで、朱鳥元年（六八六）には、女子は以前のように背中に髪をたらすヘアースタイルの垂髪でよいということになった。

このことから判断すると、白鳳の前の時代にあたる飛鳥時代の女子の髪型も垂髪で背中に髪をたらして首の後ろあたりでひもでしばっていたものと思われる。

そして、女子の場合、上流層はこのスタイルが奈良・平安時代にもうけつがれていく。平安時代にみられる女房たちの髪型のもとといってよいであろう。男子のほうも、上流層は冠をかぶることもあって結髪が一般的であったと思われる。

04

ヒゲ

描きくわえられた聖徳太子のヒゲ

ヒゲと古代人

古代人はヒゲをはやしていたのかどうかという点をめぐっては、信頼できる史・資料が乏しく、何ともいえない。ただ、千葉県の芝山古墳群から出土している武人埴輪とされるものなどについては、ヒゲをみることができる。したがって、古墳時代の軍人などは、あるいはヒゲをたくわえていたのかもしれない。

史料的にみると、『古事記』の中に、スサノオ神が「八拳須《やつかひげ》」が胸の前に至るまで号哭したと記されている。ここにみられる八拳須とは、ヒゲの長さが手で八握りもあるということで、転じてとても長いヒゲということである。さらにいうと、それほどヒゲが長くなるほど成長したという意味で、大人ということをいっている。すなわち、スサノオ神は大人になってからも泣き続けた神であったということである。したがって、『古事記』にみられるこの描写は、スサノオ神が成長して立派な大人になっても、というたとえであり、この例から古代人が豊かなあごヒゲを持っていたとは、にわかにはいえないであろう。

聖徳太子のヒゲ

古代人のヒゲというと、聖徳太子像をイメージする方も多いであろう。左右に山背大兄王と殖栗皇子の二人の皇子をしたがえており、聖徳太子は豊かな口ヒゲをはやして中央に大きく描かれている。現在、帝室御物になっているこの肖像画は百済の阿佐太子筆とされている。しかし、このことは事実ではなく、肖像画に描かれた太子らの服装などから、天武朝のころの作品ということがいわれている。つまり、六世紀の後半ごろのものとなり、太子が六二二年に亡くなってから半世紀以上ものちのこととなる。

さらに、この肖像画を赤外線写真で撮影した結果、わかったことであるが、聖徳太子の口ヒゲの部分の墨が濃い部分とうすい部分の二通りがあるというのである。つまり、肖像画を描いたときの口ヒゲを後になってさらに豊かに立派に描き加えたことになる。

とするならば、天武朝に太子像が描かれたさいには、その口ヒゲは今、わたしたちがみるほど豊かではなかったわけである。このさい、聖徳太子像のモデルになった人物については、知るよしもないが、あるいは天武朝の貴族層で口ヒゲが似合った人物であったのかもしれない。

05

子ども

九歳の天皇も誕生

奈良時代の子ども

日本の古代社会は、七歳未満の子どもの死亡の場合は親は喪に服さない規定となっている(養老假寧令無服之殤条)。医学が未発達の状況下では幼児死亡率が非常に高く、庶民の場合、口分田の班給も六歳以上であることから、六〜七歳以前の子どもは、共同体の構成員とは考えられていなかった。また子どもは父母の養育の意志の有無によって捨てられることもあった。しかしながら古代社会において子どもも貴重な労働力だったようで、『日本霊異記』には、水をくみ、牛飼いなどする子どもが描かれており、『万葉集』にも草刈りをする童が詠まれている。『律令』の規定では男は十五歳以上、女は十三歳以上が結婚年齢である(養老戸令聴婚嫁条)ことから、この時期より共同体の構成員に認められたと考えられる。『古事記』上巻のオオクニヌシとスセリビメの婚姻では、オオクニヌシは、スセリビメの父であるスサノオから難題を出され、その難題をクリアして、ようやく二人の関係が認められることから、共同体が婚姻を認めるには、通過儀礼があった可能性も高いが、実態はよくわからない。ただし奈良時代、政治の場への参加が二十一歳以上であったことは、五位以上の者の子と三位以上の者の孫に、従五位下から従八位下の位階を授ける蔭位の叙位年齢が二十一歳であることからもうかがえる。

幼帝の出現

しかし八五八年、清和がわずか九歳で即位（『三代実録』清和天皇即位前紀）して以降、元服前の男児が天皇となる先例ができた。天皇が元服するまでの期間は、摂政が天皇の政務を代行したが、次第に貴族の子弟も小舎人として昇殿することが許されるようになり（童殿上）、貴族の政治への参加開始年齢が若年化した。

この九世紀後半頃より父の官職を子にも継がせようとする意識が中下級貴族の家より芽生え、父は子に「家業」を継がせるべく、子どもの教育に熱心なりはじめる。この頃になると、宮廷では出産から着袴や元服に至るまで、折りに触れて生育儀礼が行われ、子どもの成長と長寿が願われた。こうした「家」は、十一世紀前半には摂関の兄弟争いに発展し、十二世紀に成立する。

元服はおよそ十二歳頃から十五歳頃までの間に行われ、冠をかぶり、大人の衣服となったが、その一方で年齢的には成人となる年齢を迎えても、元服をしない者は、頂を露わしたまま（露頂）の姿であったため、大人とは見なされず、名も「××丸」のように幼名を名のった。

06

生育・成長

十五歳から成人、二十一歳から政治参加

生育儀礼

出産から元服に至るまで、様々な生育儀礼が行われるのは、平安時代以降で、日本古代では、それ以前には、天皇であっても誕生の生年月日は重要視されていなかった。七九四年に都を平安京に遷都した桓武も誕生の月日は伝わっていない。こうした天皇の誕生の生年月日が記録されるのは清和や陽成天皇など幼帝が登場する九世紀のことである。このころより子どもの誕生を祝う行事が増え、皇子女は、誕生するとお湯殿で産湯を使わせる儀式や、乳付などを経て、五〇日、一〇〇日の節目に誕生が祝われた。三歳〜七、八歳には着袴という袴を着ける儀式を行い、一二歳頃から一五、六歳までの間に元服や裳着が行われた。特に摂関政治が隆盛する十一世紀、皇子の誕生は、次の皇位継承と関わることから、貴族社会に強くアピールされた。例えば『紫式部日記』には、彰子所生の一条の第二皇子の誕生の儀礼が詳しく描かれている。貴族の子どもたちも、節目には生育儀礼が行われるようなり、子どもの生育儀礼は、子どもの貴族社会への参加の契機となった。

成人年齢

『礼記』曲礼上には、「二十を弱といひて冠す」とあり、古代中国の周の時代には、男子は二十歳を「弱」といい、元服して冠を付ける成人に達したことを意味した。日本では蔭位における叙位の年齢が二一歳、また『藤氏家伝』の武智麻呂が二一歳で内舎人に任官した記事から、日本では二一歳が政治への参加年齢であったと考えられる。しかし『律令』では男は十五歳以上、女は十三歳以上を結婚年齢とする規定があり、この年齢が成人年齢と考えることもできる。『懐風藻』によれば、文武天皇は二五歳で没していることから、元服・即位したのは十五歳と考えられる。聖武天皇も十四歳で元服しており、元服の年齢は「弱冠」年齢よりも早い年齢で行われていた。冠は六八二年に結髪加冠の制が規定され（『日本書紀』）、元服を契機に着用するようになった。貴族の子どもは、総角の髪型をやめて初めて冠をかぶり、衣服は児童のものから大人のものとなり、幼名を改める儀礼が儀式化し、貴人が理髪と加冠の役をつとめた。平安時代には一二歳頃から一五、六歳までの間に行なわれた。一方女性は、一二、三歳から一六歳頃までの結婚適齢期になると裳着が行われた。『日本書紀』には皇后が「妾、初め結髪ひしより、後宮に陪る（允恭紀七年十二月一日条）」とあり、初め結婚適齢期には「髪上げ」が行われたが、平安時代となり身のより長い髪が「美」の表現となり、女性の成人は「裳」の腰紐を貴人や親戚の長者が結ぶ役をつとめ、世間に結婚適齢期であることがお披露目された。

07

衛生

平安京もきれいではなかった

古代のゴミ処理

現代のゴミと古代のゴミではそもそもの認識が異なる。古代におけるゴミは現代におけるゴミと異なって、再利用や再生利用というものが限界まで考えられた上においての廃棄物がゴミであった。つまりまだ使えるものや、作り変えられるものは原則としてゴミではなかったと考えることができるのである。そして生活環境的にゴミとなるような無駄なものは、生産されていない。そのような中におけるゴミとは、一部の食事残滓や土器の破片などが考えることが出来る、しかし食事残滓のゴミと言っても、肉や魚はその身は食べられ、皮は利用され、骨なども使える部分は道具に加工されていて、ほとんどが使用されていたため、加工には不向きな一部の骨や木の実のカラなどであった。再利用できるものを除いたゴミの処理に関しては大きな穴を掘って埋める方式が行われていた。これは各家庭での処理ではなく集落単位での一括廃棄場を作り、そこに処分していた。これが貝塚などの形で後に残ることとなる。

都の衛生問題

都市では、庶民の排泄が辻にて行われていたように、あまり衛生面できれいな都市ではなかった。庶民の衛生環境においては、ゴミ処理の点からも見られるように、生活空間とゴミなどを廃棄する空間に距離を置くことで、一定の衛生状態をたもっていたと考えられる。掃除用品などの衛生環境を保つ遺物は発見されていないことから、当時の人びとの間で衛生環境がどのように考えられていたのかということは実証する材料がなく、衛生環境の実態については不明な点も多い。これは、庶民だけでなく朝廷や貴族においても中央の官職として、衛生問題を監督するような役職があったわけではなく、衛生環境の充実が図られていたとは言えない。

古代において衛生環境が悪化したと考えられる原因の一つには水問題が考えられる、現代のように水が簡単に入手できる状態ではなかったことから、手洗いやうがいなどを頻繁に行ってていたということは考えづらく、ゴミの一括廃棄や排泄物の処理などの問題で、衛生環境がけしてよろしくない状況というものが考えられる。衛生環境の悪化は、後に、伝染病の蔓延などの形で歴史にも影響を与えていくこととなる。衛生面が考慮されてくるのはさらに後の世のことであり、平安時代までの環境は都も農村も大差なく、いずれにしても消極的な衛生環境であったということが出来る。特に農村においては衛生環境はほとんど考慮されていなかったと考えてよいであろう。

08

病気

呪術と植物で治療

呪術と病

古代人も多くの病気にかかったと思われるが、具体的にはなかなか病名を知ることはできない。しかし、病気の原因を悪霊によるものと考えていたふしがみうけられる。

たとえば、縄文時代の土偶をみてみよう。土偶は一般的には、豊饒を祈っておこなわれる予《よ》祝《しゅく》に用いられるものとされる。しかし、一方では手や足など欠損部分がみられるものも少なくない。こうしたことから病気の治療に用いられたのではないかともいわれている。つまり、足が悪ければ土偶の足を欠かし、病気を人間から土偶へうつそうとしたというのである。

このように、古代においては、病気と呪術とは不可分の関係にあったことは事実である。

古代人の病気

具体的に古代人の病名を知る手がかりとして、『出雲国風土記』にみられる植物名に注目してみたい。天平五年（七三三）にまとめられた『出雲国風土記』には、多くの植物名があげられているが、これらはやみくもに列挙されたのではなく、漢方として効能のあるものが記載されているといわれる。そうであるなら、それらの植物は、薬草であり、実際に病気に対して用いられていたと思われる。そこから古代人の病気の一端をうかがうことができるであろう。
表は、『出雲国風土記』にみられる植物を一覧にしたもので、現代名と共に効能も記しておいた。これをみると、実にさまざまな効能をみることができ、逆にいうと、それだけ多種多様の病気に古代人も悩まされていたということができるであろう。

『出雲国風土記』の郡ごとのまとめにみられる植物

植物名	現代名	用途
麦秋古[ヤマスゲ]	ジャノヒゲ／ヤブゲン	鎮咳・解熱・吐気止
独活[ツチタラ]	ウド	頭痛・中風・疝気
石斛[イワグスリ]	セキコク	強壮・健異・鎮痛
前胡[ノゼリ]	ノダケ	鎮痛・解熱・健胃
高良姜[コウライハジカミ]	クマタケラン	腹痛
連翹[イタチグサ]	レンギョウ	解熱・利尿
黄精[オオエミ]	ナルコユリ	打撲傷・強壮
百部根[ホトズラ]	ビャクブ	鎮咳・毛ジラミ駆除
貫衆[オニワラビ]	ヤブソテツ(オニワラビ)	止血・婦人病・腰痛
白朮[オクラ]	オクラ	健胃・解熱
薯蕷[ヤマツイモ]	ヤマノイモ	強壮・火傷・凍傷
苦参[クララ]	クララ	健胃
萆薢[トコロ]	トコロ	
杜仲[ハイマユミ]	マサキ	背骨の歪曲
芍薬[エビスノグスリ]	シャクヤク	腹痛・胃痙攣
前(茈)胡[ノゼリ]	ミシマサイコ	解熱
女青[カワネグサ]	ヘクソカズラ(ヤイトバナ)	凍傷・毒虫の傷
女委[エミクサ]	アマドコロ	打撲傷・強壮
白斂[ヤマカガミ]	ビャクレン	解熱
茯苓[マツホド]	ブクリョウ	水腫・淋疾
人参[カノニケグサ]	チョウセンニンジン	強壮
升麻[トリノアシグサ]	サラシナショウマ／ミツバショウマ	解熱・鎮痛・瘡毒
夜干[カラスオウギ]	ヒオウギ	扁桃腺炎
桔梗[アリノヒフキ]	キキョウ	祛痰・呼吸気病
竜膽[エヤミグサ]	リンドウ	健胃
続断[ヤマアザミ]	シュロソウ	子宮病・肋膜炎・腰痛
白芷[ヨロイグサ]	ヨロイグサ	感冒・歯痛・止血
秦淑[カワハジカミ]	フユザンショウ	健胃・整腸
百合[ユリ]	ユリ	止血・強壮
当帰[ヤマゼリ]	トウキ	婦人病・中風・貧血
石葦[イワカシワ]	ヒトツバ	利尿・健胃・リウマチ
大薊[オオアザミ]	オオアザミ	脚気・乳癌
白頭公[オキナグサ]	シラン	止血・火傷・瘡毒
赤箭[カミノヤ]	オニノヤガラ	麻痺・神経衰弱・貧血
秦皮[トネリコノキ]	トネリコ	痛風・リウマチ
王不留行[カサクサ]	ヒメキョウグシロ／ドウカンソウ	止血・鎮痛
薺苨[サキクサナ]	ソバナ	痰咳・蛇毒
瞿麦[ナデシコ]	カワラナデシコ	水腫・膀胱炎・腎臓炎
抜葜[サルカキ]	サルトリイバラ	梅毒・胆毒・発汗
地楡[エビスネ]	ワレモコウ	吐血・赤痢・痔疾
附子[オウ]	トリカブト	解熱・鎮痛・癌腫

植物名	現代名	用途
細辛[ミラノネグサ]	ウスバサイシン	解熱・風邪・頭痛
商陸[イオスギ]	ヤマゴボウ	解熱・水腫・脚気
藁本[サワソラシ]	カサモチ	頭痛・風邪・皮膚病
玄参[オシクサ]	ゴマノハグサ	解熱・消炎
五味子[サネカズラ]	サネカズラ／チョウセンゴミシ	鎮咳・強壮
黄芩[ヒイラギ]	コガネヤナギ	下痢止・解熱
葛根[クズノネ]	クズ	発汗・解熱・婦人病
牡丹[フカミグサ]	ボタン	鎮痛・腰痛・関節炎
藍漆[ヤマアサ]	アイ	解毒・瘡腫・解熱
薇[ワラビ]	ワラビ	解熱・脱肛・利尿
薇蕨[ワラビ]	ゼンマイ	食用
狼毒[ヤマクサ]	ヤマゴボウ?	不明
茵芋[ニツツジ]	ミヤマシキミ	寄生虫駆除
狼牙[コマツナギ]	コマツナギ／ミナモトソウ	不明
離留[ネアザミ]	シュロソウ	疥癬・シラミ駆除
吾茄[ムコギ]	ウコギ	疝気・腹痛・神経衰弱
白前[ノカガミ]	ナバラソウ	解熱・利尿
決明(目)[エビスグサ]	エビスグサ(ロッカクソウ)	眼病・解熱・強壮
巻柏[イワクミ]	イワヒバ(イワマツ)	不老長生
貝母[ハハクリ]	アミガサユリ(バイモ)	鎮咳
齊頭蒿[オハギ]	ヨメナ?	不明
藤[フジ]	ノダフジ	結束用
李[スモモ]	スモモ	食用
漆[ウルシ]	ウルシ	殺虫剤・塗料
檜[ヒノキ]	ヒノキ	建築材
杉(椙)[スギ]	スギ	建築材
蜀椒[ナルハジカミ]	サンショウ	解毒・回虫駆除
赤桐[アカギリ]	アブラギリ	油の原料
白桐[アオギリ]	キリ	家具調度剤
楠[クスノキ]	クスノキ	駆虫剤・船材・建築材
椎[シイ]	ツブラジイ	食用
海榴(椿)[ツバキ]	ツバキ	油の原料
楊梅[ヤマモモ]	ヤマモモ	食用・染料・下痢止
松[マツ]	マツ	建築材・食用
栢(榧)[カヤ]	カヤ	駆虫剤
蘗[キハダ]	キハダ	染料・消炎・殺菌
槻[ツキ]	ケヤキ	建築材
柘[ツミ]	ヤマグワ(ノグワ)	蚕の飼料
楮[カジ]	コウゾ	紙・木綿の原料
樫[カシ]	カシ	器具材
梅[ウメ]	ウメ	食用・器具材
楡[ニレ]	ニレ	建築材・利尿
楊[ヤナギ]	ヤナギ	器具材・薪炭
栗[クリ]	クリ	食用・建築材
櫟[ナラ]	クヌギ	薪炭・染料・薬用

09

伝染病

神仏がおこし、神仏への祈りでおさめる

神仏と伝染病

医学の知識が十分でなかった古代では、伝染病は大変、恐ろしく謎の現象であった。そのため、伝染病の原因は、神仏の意志や怒りであると理解されることがしばしばあった。

たとえば、崇神天皇の時代に疫病、すなわち伝染病が流行して、人民の半数以上が死んでしまったという。天皇は深く愁い、その原因を占ったところ、大物主神の意志によるものであることがわかり、大田田根子に大物主神を祭らせたところ、伝染病はおさまったという。

欽明朝にも伝染病の記事がみえる。『日本書紀』をみると、欽明天皇一三年条に仏教が公伝したさい仏像をたまわった蘇我稲目が自分の家を寺として礼拝したことがみえる。すると疫病が流行して次々に人民が死んでしまった。排仏派の物部尾輿と中臣鎌子は、その原因を神の怒りだとして、仏像をすて寺を焼き払ったとある。これとは逆に、敏達天皇一四年条には、瘡《もがさ》が大流行して、天皇と排仏を主張した物部守屋もかかってしまったが、人々はこれを、仏像を焼いた罪であるといったとされる。これらは、伝染病の原因が不明であることを利用して、神仏にかこつけて自分たちの主張を通そうとしていることがうかがわれる。

聖武朝の疫病

奈良時代に入っても伝染病への無知は変わらなかった。天平七年（七三五）の秋に九州からひろまった疫病はとどまるところをしらず、閏一一月には天下に大赦して流行を止めようとしたがむだであった。

天平九年には平城京にも伝染し、参議であった藤原房前がかかってしまい、右大臣の藤原武智麻呂・参議の藤原宇合・参議の藤原麻呂の藤原四子があいついで世を去った。つまり、当時の政界の指導者がほぼ全員亡くなったのである。

他にも万葉歌人として知られる小野老や長田王・水主内親王など多くの人が亡くなった。当然のことながら、民衆たちの被害はいいつくせぬものがあったであろう。

これらに対して政府がとった対策はというと、せいぜいが伝染病にかかった人々へ食料を与える賑給くらいのものであり、あとは、神々への祈りや寺院へ命じて護国経典を読ませるといったものであった。このことからわかるように、疫病への治療法などの具体的対策に関してはまったく無知であったのである。

10 寿命

平均寿命は四〇才くらい

天皇の寿命

古代の天皇は明神《あきつかみ》、すなわち神というイメージがあるが、もちろん不老不死ではなく、寿命がある。それを記・紀神話では、アマテラスの孫であるニニギノミコトとコノハナサクヤヒメ・イワナガヒメ姉妹の結婚で説明している。ニニギは美しいコノハナサクヤヒメを妻とし、醜い姉のイワナガヒメを拒否してしまう。そのため、ニニギの子孫である天皇は、木の花の咲きみだれるように栄えるが、岩のような不変の命を得ることはできないということになり、寿命に限りがあるというのである。

実際のところ、古代の天皇で四〇歳未満でなくなった例は少なくない。しかし、その一方で、初期の天皇の寿命は異常に長い。『日本書紀』で初代から九代までみてみると、神武が一二七才、綏靖が八四才、安寧が五七才、懿徳が七七才、孝昭が一一三才、孝安が一三七才、孝霊が一二八才、孝元が一一六才、開化が一一五才となる。このことは、とりもなおさずこれらの天皇が実在していない可能性が極めて高いことをものがたっており、神武の非実在説や二代から九代までを欠史八代とよぶ由縁にもなっている。

古代人の寿命

それでは、古代人の寿命は一体、どれくらいであったのであろうか。これは、時代や個人差が大きく影響してくるので、簡単にいうことは難しい。たとえば、武内宿禰という人物は、景行天皇から仁徳天皇にいたるまでの五代二四四年にわたって朝廷に仕えたとされるから、二五〇才以上の寿命を保っていたことになる。とても実在の人物とは思えない。

実在した人物で長命とされるのは尾張連浜主である。天平五年（七三三）に生まれ、承和一三年（八四六）までは生存が確実視されるから、少なくても一一三才までは生きていたということになる。しかし、いうまでもなく、尾張連浜主の場合は例外中の例外といってよいであろう。

一般には、四〇才から五〇才くらいが古代人の平均寿命と考えられている。平安貴族が四〇才になると、四〇の賀を祝っていることからもそうしたことがいえるであろう。

寿命という点からみても、長寿大国といわれる現代日本人にとって古代は想像もつかない世界だったのである。

11

葬喪

殯から仏教儀礼へ

殯

葬喪は、人間の死後埋葬するまでの間に行われる儀礼である。『魏志』倭人伝には、死後埋葬までの十日余り遺族は食肉せず、他人はその家で歌舞飲酒し、死者を葬った後は、身体を水で洗い清めることが記されており、既にこの時期に死に対して忌みつつしむ葬喪が行われていたことがわかる。こうした葬喪は「モガリ」と呼ばれたが、中国の「殯《ひん》」の影響を受けて六世紀頃前半に儀礼化したと考えられる。「殯（モガリ）」は『万葉集』では「荒城（アラキ）」とも表現され、人の死後、埋葬するまでの期間、遺骸を棺に納めて喪屋を設けて安置することを言う。

天皇の場合、殯が長期に及ぶこともあり、敏達や斉明のように約五年の期間を設けることもあった。これは殯の期間が皇位継承などの政治動向と関わっていたためである。天皇の喪屋は「殯宮」とも呼ばれたが、この殯宮の外庭では死を悲しむ「挙哀」、生前の徳をたたえる「誄」が奏上され、生前の業績にちなんだ和風諡号が奉られた。殯宮儀礼を終えると天皇は山陵に埋葬された。こうした殯宮を設ける儀礼は文武以降は行われなくなった。

仏教儀礼

一方、天皇の葬送に仏教儀礼が確認できるのは持統からである。持統の没後、西殿の庭に殯宮が作られて遺体が安置される（『続日本紀』大宝二年十二月二九日条）が、遺体が飛鳥の岡で火葬される（同三年十二月十七日条）まで、大安・薬師・元興・弘福の四大寺で二七や七七などの「斎」が設けられており、仏教儀礼が執り行われた。文武の場合も没後に、殯宮に遺体が安置される間「初七から七七に至るまで、四大寺に設斎す（慶雲四年六月十六日条）」とあり、仏教による葬喪が行われている。平安京に遷都後も、例えば桓武没後に「大行天皇初七齋を京下の諸寺にて行ふ（『日本後紀』大同元年三月二三日条）」とあるように、仏教に基づく葬喪儀礼や火葬による埋葬が採用された。

この結果、安置期間は大幅に短縮された。貴族の場合、例えば従四位下で民部卿の太安万侶の墓誌には「太朝臣安万侶以癸亥年七月六日卒之 養老七年十二月十五日乙巳」とあり、没後火葬され墓誌の埋蔵まで半年であった。仏教儀礼による死者への弔いは、下級官人にも広まり、子や両親の「斎食（仏事）」ために休暇願いを出していることが『寧楽遺文』からわかる。

なお『律令』では身分に応じて、葬喪の規模や服喪期間が規定されたが、「凡そ喪葬に、礼備ふること能はずは、貴きは、賤しきに同すること得。賤しきは貴きに同すること得じ（養老喪葬令親王一品条）」と、身分以上に派手な葬喪は禁じられ、薄葬が求められた。

12 埋葬

土葬から火葬へ

埋葬の開始

遺骸の埋葬は、「死」や「霊魂」などの概念が成立によって開始されたと考えられている。日本では、縄文時代より埋葬が確認でき、土坑墓の跡から土葬が一般的だった。墓は、弥生時代の墳丘墓から古墳時代の前方後円墳に代表されるように、首長を頂点とする身分の出現と支配領域の拡大によって大型化した。形状や副葬品は画一化され、遺骸は竪穴式石室に納められた。この古墳の大型化は五世紀後半にピークを迎えたが、六世紀以降は次第に小型化し簡素化した。その理由は「薄葬令（『日本書紀』大化二年（六四六）三月二二日条）」による造営制限と考えられていたが、現在では四世紀後半に北九州で出現した横穴式石室が、六世紀に全国に広がったことを契機とする説が有力である。追葬が可能になる横穴式石室の出現によって、被葬者の権力を示す巨大墓は、その造営意義を失ったらしい。こうして前方後円墳は、六世紀後半より七世紀初頭には築造されなくなった。これに代わって円墳や方墳、八角形墳が首長墓や大王墓として造営される一方で、小規模の古墳群が増加した。これは小規模な墓を造営する小豪族が台頭する一方で、既存の勢力は寺院の造営を自己の権力を示す新しい手段したためである。

火葬の開始

六世紀中頃、日本に仏教が伝えられると、火葬も日本に伝わり、七〇〇年には僧の道昭が火葬された。この火葬を『続日本紀』では「天下の火葬これより始まれり（文武四年三月十日条）」と記し、七〇二年に崩御した持統天皇も「喪葬の事は務めて倹約に従え（大宝二年十二月二二日条）」と遺詔、翌年火葬されて蔵骨器に納められ、天武天皇陵に合葬された。これを契機としてその後の歴代天皇や、貴族たちも火葬を行うようになった。

火葬は、インドでは河岸で火葬された遺骸をそのまま河に流す葬送が一般的であったらしく、仏教の始祖であるブッダも火葬である。火葬は、仏教の伝来とともに東アジアにも伝えられ、新羅では「西国の式に依り火焼を以て葬る（『三国史記』新羅本紀 文武王二十一年七月一日条）」と、六八一年に文武王が火葬され海に埋葬された記事がある。日本では、火葬後に墳丘をつくる六世紀後半から七世紀初頭のものと考えられる横穴式木芯粘土室（滋賀県小御門古墳群）が発掘されたことから、道昭以前に火葬が日本に伝来し、高僧や天皇が導入して上層部に広く採用された。

13

恋愛

「歌」が結んだ恋愛

歌垣・嬥歌

古代の地域社会においては、「歌垣」や「嬥歌」と呼ばれる恋愛の場があった。『常陸国風土記』香島郡条に「嬥歌の会〈俗《くにひと》、宇太我岐《うたがき》といひ、又、加我毗《かがい》といふ〉」とあり「うがき」「かがい」という「歌掛け」「掛け合い」を意味する歌を詠み合うことによって恋の相手を得る場をいった。同筑波郡条には「筑波の岳は、往集《わきつど》ひて歌ひ舞ひ飲み喫ふこと、今に至るまで絶えざるなり」とあり、東国の男女が春秋に筑波山に登り、飲食歌舞を行って、歌を詠み合う配偶者選びを行う様子が描かれている。『出雲国風土記』嶋根郡条の邑美冷水には「男も女も、老いたるも少きも、時々に叢り集ひて、常に燕会する地なり」とあり、適齢期の男女のみならず、老人や子どもも集まる共同体の行事であった。一般に「歌垣」は「性の解放」の場とも言われるが、共同体内では、年に一、二度の決まった時期に設けられる場であり、夜明け前に帰るなどのルールがあった。この場は本来、新しいカップルの誕生による性交や出産を、土地の豊穣の前祝いや翌年の豊作を招くものとする祭礼の一環で、詠われた歌は、相手を共寝に誘う、陽気な笑いに満ちた歌であった。ここ新しく成立したカップルは、女側の親（特に母親）の承認を得て、お互いの住居を往来する、共同体に認められた関係になったと考えられる。

共同体における「恋愛」

歌垣で詠われたとみられる歌が『古事記』や『日本書紀』に散見されるが、なかには既存のカップル歌の掛け合いや、老人が若い男女に恋愛を促す歌がみられる。既存のカップルの歌の掛け合いは、自分たちの仲を「歌垣」の場で示すことにより、共同体の公認を受ける、結婚の継続を表すものであった。古代においては恋愛と結婚の境界は曖昧で「恋愛の継続＝結婚関係」であり、歌垣のような共同体での祭礼の場で、自分たちの仲を示す必要があったものと考えられる。また老人歌は「老い」や「人生の短さ」を詠うことで男女に「時」の重要性を訴え、積極的に恋愛をするよう促す役割をもっていた。『律令』には男は十五歳以上、女は十三歳以上が結婚年齢に定められており（養老戸令聴婚嫁条）、この年齢が恋愛の開始年齢でもあったと考えられるが、実際の「歌垣」の場で尻込みする若い男女に恋愛を促すことで、共同体の人口増加を促すねらいがあった。古代社会の平均寿命は三十歳前後と考えられ、幼児死亡率も高かった。女性の恋愛は共同体の人口維持には欠かせなかった。従って「恋愛」は、単純に本人同士の恋愛のみとはいえず、共同体の要請という側面を持ち、出産能力を持つ独身女性が貞操を守ることは歓迎されなかった。

14

結婚

「対偶婚」から「単婚」

当事者同士の「結婚」

『魏志』倭人伝では「其の俗、国の大人は皆四五婦、下戸は或いは二三婦」とあり、日本においても三世紀前半には既に一夫多妻制であったことをうかがわせるが、『万葉集』の歌には、婚姻の実態は、ゆるやかで長続きしない結びつきであったと考えられている。

『令集解』戸令結婚条の「古記」や「義解」には、婚姻解消の条件として、「男夫、障故なくして来らず」「夫婦、同里内に在りて往来せず」と、夫婦が別居している想定がなされている。この時代は、男が女の家に通う「妻問婚」が普通で、男は複数の相手に通うことができ、気持ちが冷えたら通わなくなることもあった。一方で女はこれまで通ってきた相手との関係が薄れれば、別の相手を通わせた。このように男女一組の結婚が成立しているのは、男女に足繁く往来があった期間内で、往来がなくなれば、それは結婚の解消を意味した。こうした当事者同士が決める「結婚」を「対偶婚」と呼ぶ。主に歌垣などで出会った男女の「結婚」は「恋愛の継続」とイコールだったが、男が女の元に足繁く往来するには、女の母親の承認を得ねばならず、『万葉集』には母に恋を打ち明けて男が通う了解を得た女の歌が載せられている。その後、共同体に認められた関係になり、関係が長く継続すれば新居を設けて同居を開始した。

親の決める「結婚」

こうした婚姻形態では、男は複数の妻に通うことが可能な一夫多妻制で、戸籍に妻は夫との婚姻が前妻より早いか遅いかで「妻」「妾」と表記されたが、実際に妻同士に大きな隔たりはなかったようである。妻のほうも、恋愛と結婚、結婚と離婚があいまいな婚姻形態では、前夫との別れと後夫との開始の時期が重複することもあった。こうした関係は十世紀以降に、あいまいな「対偶婚」から、夫婦が生涯を共にする「単婚」へと変化を遂げ、男性優位の一夫多妻制の婚姻が一般化し、妻は夫以外の性関係が厳しく制限された。

十世紀後半に「家」が芽生えると、貴族層では、結婚は当事者の親が関わるようになる。『蜻蛉日記』作者の道綱母の結婚のように、藤原兼家が結婚を申し込んだ相手が、道綱母の父親となり、当事者の結婚を親が決定する婚姻が開始されはじめる。この頃より結婚が儀式化され、男が女の家に通い三日目の夜に餅を食べた後、露顕することで、二人の結婚がお披露目され、親族によって祝われるもので、これは当人同士の合意というよりは、親の関与と了解のもとに、「家」の結びつきが強められる結婚が行われるようになる。一方で、庶民は寺社への参詣の際に出会った男女が結びつく場合が多く、当事者間での恋愛や結婚が多かった。

15

性関係

政治的な意図も大きかった

男女の合意に基づく関係

『古事記』上巻ではイザナキとイザナミの「国生み」のなかで、お互いの体がどのように出来ているか確認をし、イザナキが「吾が身の成り余れる処を以て、汝が身の成り合わぬ処を刺し塞ぎて、国土を生み成さむと以為ふ。生むは奈何に」と提案し、イザナミの同意によって国生みを行う。この神話は、古代社会では、元来、性関係は男女の合意のもとに開始される、と考えていたことを示している。『万葉集』が示すように、婚姻は、大抵の場合、男性が女性の元に通う形で開始され、性交そのものが婚姻関係を意味し、両者に往来がなくなれば関係終了とみなされた。生まれた子どもは、多くは母親のもとで育てられたが、婚姻関係が長く続く場合は、女性の家に住むか男女が親元から独立する形で同居した。律令制の導入により、次第に男性が優位が強まると性関係も男性優位となり、女性の意志表示は軽視された。十世紀になると男性は複数の妻をもつことを許される一方で、女性は夫以外の男性との性関係は制限され、夫以外との性交は「密通」「密懐」と呼ばれて制裁の対象となった。また「家」の成立により、婚姻は当事者の親が決定するようになる。

天皇の嗣子

一方、例えば大王（天皇）や豪族のように、権力関係がそのまま政治的な利害となる場合は「子づくり」そのものにも政治的な意味が含まれた。手白髪皇女と結婚することで即位できた継体天皇のように（武烈段、継体紀元年正月甲申条）、大王とキサキの結びつきそのものが政治的結合であり、大王（天皇）も豪族も、自身の勢力の拡大を求めて婚姻関係を結んだ。大王とキサキは別宮に居住し、生まれた子どもは、父親の認知後も母親の元で育つため、次期皇位継承の候補となる嗣子は、母親の一族と深い結びつきを持った。これが皇位継承争いの原因となり、律令導入後はキサキの地位が序列化されるに至った。

しかしながら奈良時代になっても天皇と皇后は同居せず（平城京「二条大路木簡」）別に宮を営んでいた。これが平安京遷都を契機として皇后宮が天皇宮に転退して内裏に一元化され後宮が出現する。その後宮自体が天皇の「子づくり」の場であり、政治の舞台となった。『枕草子』には一条天皇と皇后定子が「大殿ごも」る性交の場面が描写されているが、天皇がどのキサキとの間に嗣子をもうけようとしているのかは、貴族社会において重要な関心事だった。一方キサキは寵愛を受けていることを宮廷に誇示することで他のキサキを牽制し、自身の父兄の政治勢力の拡大に努めていたと考えられる。

16

出産

三つ子以上は奨励されていた

出産の忌み

出産は死の危険を伴う一大事である。新生児は、家族だけでなく社会的にも出生を承認される意味を持ち、人生の初めの通過儀礼となる。医学が未発達の時代においては、幼児死亡率が高く、母子ともに死の危険があることから、神に対するつつしみの観念が生まれ、出血という血のケガレを伴うことから、強い忌みの観念が伴うに至ったと考えられる。

出産に関する慣行を史料で確認できるのは八世紀からで、『古事記』上巻で、イザナミの「一日に千頭絞り殺さむ」に対して、イザナキは「吾一日に千五百の産屋を立てむ」と答えており、出産に際して産屋が作られたことがわかる。コノハナサクヤビメの出産、トヨタマビメの出産にも産屋がみえ、出産には住居とは別に産屋を設ける慣行があったらしい。なお民俗例では、昭和三〇年代（一九五五―六四頃）まで、各戸または集落単位で、出産のための小屋が母屋とは別に設けられていた。

平安時代になると、必ずしも産屋が建てられてはいないが、貴族の邸宅では、出産の際には住居を移し、調度や衣類を白一色にした建物で出産した。中宮彰子も一条内裏から上等門院第に移り（『日本紀略』寛弘五年七月十三日条）、「白き御帳に移らせたまふ」と『紫式部日記』に出産場面が描かれている。

出産後の慣行

新生児の産後、胞衣（胎盤）は壺に納められて住居の間口などに埋められた。この新生児の長寿を願う慣行は縄文中期の埋甕まで遡ると考えられ、南側の建物の入り口付近に埋められたらしい。平城京からは五枚の和同開珎の入った須恵器の壺が平城京から発掘されている。胞衣自体は後世まで残ることはないため、和同開珎の入った須恵器が、胞衣壺か地鎮具か即断できないが、鎌倉時代の公卿・九条道家の日記『玉蘂』には、銅銭五枚の上に絹に包んだ胞衣を乗せ埋納していたことが見え、胞衣壺である可能性も高い。民俗例では、胞衣壺には銭の他に、男児の場合は筆や墨、女児の場合は針や糸を胞衣と共に納め、建物の入り口や軒下など居住空間に埋めた。平城京でも、銭とともに筆管や墨挺が納められた須恵器の壺が発掘されており、平城京に住む官人が男児の健やかな生育と出世を願って埋めたものとみられる。なお「六国史」の同時多産の奨励記事では、八世紀には三つ子以上の同時多産は男女とも奨励されているが、九世紀になると男児のみが奨励される記事が増加しており、官途または税収の対象となる男児の誕生が歓迎される風潮が強まった。

17

血縁

「氏」から「家」への変化

「氏」とは

原始社会における「氏族」とは、狩猟・漁労・農耕などの経済活動を行う単系的な親族集団をさし、集団の多くは父系制の出自原理によって構成されたと考えられている。しかし古代の日本における「氏」は、ヤマト政権下で有力者を中心とする政治的に結合した集団を示すのに用いられた語で、同じ祖先神を信仰する非血縁集団を含む擬制的な父系の親族集団をさす。しかしながら実態は、親族集団は必ずしも父系に限定されず、生まれた子は父母の集団に両属する形で血縁集団が形成される双系制であったと考えられる。

擬制的な父系親族集団は、五世紀後半頃に、ヤマト政権下で政治的な結合集団として成立したらしく、氏族は蘇我や平群などの地名や、物部や中臣などの職掌を氏の名とした。ヤマト政権は、大王を中心に大和や河内などに基盤をもつ有力豪族で構成されていたが、この有力豪族は「氏」で組織され、有力者である氏上が構成員である氏を統率する集団であった。この「氏」を単位とする有力豪族には部民が隷属しており、ヤマト政権や豪族の経営的な基盤となっていた。これを氏姓制度という。七世紀前半以降、世襲である氏の代々の奉仕をやめさせ、各氏に隷属する部民を大王の元に一本化させる動きが、中央集権体制の志向によって本格化し、氏姓制度は解体の途をたどった。

「氏」から「家」へ

八世紀初等の律令国家成立によって、氏の世襲的な奉仕から、位階制による官僚的な登用へと大きく変化したが、社会は引き続き氏的な親族集団で、父母と子で構成される「家」はまだ未成立であった。例えば、中臣鎌足への賜姓である「藤原」であるが、例えば大嶋や意美麻呂のように、はじめは鎌足の一族である中臣氏も藤原を名のっており、子の不比等とその子孫のみが名のるよう命じられるのは、六九八年のことである（『続日本紀』文武二年八月十九日条）。また橘諸兄のように皇親から臣籍となる際に母である橘三千代の姓を選択しており、引き続き双系的な面を残していた。

こうした血縁集団は次第に解体されることとなるが、その契機には八世紀末の平安京への遷都が挙げられよう。氏的な集団は、祖先神を中核とする本拠地から切り離され、平安宮に集住することで官僚制に全面的に依拠することになる。財政難から、地方の税の徴収を受領に一任するようになる九世紀後半以降、父がついた官職や政治的地位を男子に継がせようという動きが強まり、父から子への継承が次第に形成され、院政期の十二世紀前半には「家」が成立した。

18

離婚

離婚は神代から

神代の離婚

現代は離婚の割合が高いといわれるが、実は離婚は神代の昔からみられる。元祖は国生み・神生みで有名なイザナキ・イザナミ夫婦である。

イザナキとイザナミは、国生みをおこなった神でおしどり夫婦であった。イザナミが火の神であるカグツチを生んだのに死んでしまい、黄泉国《よみ》へ去ってしまう。すると夫のイザナキはイザナミを追って黄泉国へ行き、もどってくれと頼みこむが、そこで死者となったおぞましい妻の姿をみてしまい、思わず逃げ出してしまう。イザナミは怒ってあとを追いかけるが、イザナキはやっとの思いで逃げ帰り、妻に離婚をいいわたす。『日本書紀』に「絶妻之誓《ことどのわたし》」と記されているのがそれであり、離婚宣言ともいうべきものである。

離婚の規定

古代の離婚について、律令は男性の立場からと女性の立場からとの双方について記しているが、どうも男性の方が有利であったようである。男性的にみると、夫から離婚できる条件として、①妻が子供を産まない、②妻が淫乱である、③夫の両親に仕えない、④おしゃべりである、⑤盗癖がある、⑥嫉妬深い、⑦悪い病気をもっている、の七項目があげられている、それに対して、妻の方から離婚できる条件としては、①夫が失踪して二年間経過した場合、ただし、子供がいるときは三年間というものと、②夫が他国で消息不明となり、三年たった場合、ただし子どもがいるときは、五年間という二項目のみである。

こうした男性優位の離婚条件の背景には、男尊女卑の思想があるといえる。これは、いいかえると儒教道徳の影響であり、中国風といってよいものである。では、こうした律令の規定が実際に機能していたかというと、必ずしもそうでないようである。わたしたちは、律令、つまり、法律で決められているとそれはとりもなおさず実行されていると考えがちであるが、それはちがうのである。現代と同じで古代も本音とたてまえがあることを忘れてはいけない。

それは、「夜離《よが》れ」・「床離《とこばな》れ」という言葉があり、とりもなおさず離婚を意味している。これは、夫が妻の家へ通わなくなることであると同時に、妻の方から通ってきた夫へ門前払いをくわせることでもあった。つまり、現実的には、夫からの一方的な離婚ばかりでなく、妻からの縁切りもあったということである。

19

化粧

呪術的目的から「美」の表現へ

化粧のはじまり

化粧は、身を守る呪術的な目的で、顔や身体に赤い顔料を塗ることに始まると考えられている。日本でも、赤い顔料を塗る行為は、墳丘墓や古墳の被葬者や、人物埴輪の装飾から確認できる。また古代中国の史書『三国志』の魏志倭人伝では倭人は朱丹をぬって装飾したことが記されている。いわゆる「海幸・山幸」神話（『日本書紀』第十段一書第四）では、弟の山幸（火折・ホオリ）の徳を知って服従することを決めた兄の海幸（火酢芹・ホノスセリ）が、赤土（赭）を顔に塗って「吾身を汚すこと此の如し。永に汝の俳優者為らむ。」と言った話がみえ、八世紀の『日本書紀』編纂段階では、顔を赤く塗る行為は恭順を示すと考えられたらしい。

「美」を表現する化粧の開始は不詳だが、中国では頬に赤い粉をつける化粧法が古代より行われていた。なかでも紅花の産地である燕国は有名で、紅花の産地であった「燕支山」が「臙脂」の語源と考えられている。『楽府詩集』の「古楽府」（古辞）には、燕支山を前漢に奪われた匈奴の王が、それを嘆いて「女性は色を失う」と言ったとあり、女性の紅を用いた化粧が中国から西域に流行したことがうかがわれる。

日本への化粧の伝来

日本では『古事記』中巻（応神記）の歌「この蟹や」に焼いた土で眉を描いた女性に求愛する描写があることから、眉を描く行為が「美」を際立たせるために行われていたが、中国を統一した隋に遣使を派遣する七世紀初め頃に、紅や白粉、香木などが将来し、本格的な化粧文化が伝えられた。主に朝鮮半島を経由して伝来したと考えられるが、七世紀後半には、日本でも鉛から白粉（鉛白粉）が作られたことが『日本書紀』に見え、国内で化粧品が製造されるようになった。七世紀末の宮中の女性は、「高松塚古墳」の壁画が示すように、唇に紅を塗り、三日月型の眉を描き、髪を結い上げていたと考えられる。

奈良時代になると唐で流行した化粧が日本にも将来し、「鳥毛立女屏風」のように、髪を結い上げ、額中央に花鈿、口元に靨鈿と呼ばれる点を付ける化粧が取り入れられた。また古くから行われていた歯を黒く染める行為は、鑑真が鉄漿の製法を伝えて以降、次第に貴族の女性の間で普及し、成人の印となった。平安時代の九世紀末、遣唐使の派遣が中止され唐の影響が弱まる頃には、貴族の女性は、白粉を塗り、眉をぬいて額の上に太い眉を描き、鉄漿で歯を黒く染め、紅をつける化粧に変化した。髪の毛も、特別な儀式に前髪を上げる以外は髪を下ろし、背丈よりも長く伸ばした黒髪が美しいとされるようになった。

20

アクセサリー

古代人のおしゃれ事情

原始・古代人の装身具

北海道の美利《ぴり》河《か》遺跡や湯の里四遺跡からカンラン岩製の玉類が確認されたことにより、日本の旧石器時代にも装身具があったことが明らかになっている。そして、縄文時代早期以降、日本における装身具は、大幅に種類を増やしていく。たとえば、縄文時代の遺跡でよく確認されるものとしては、獣の牙・角で作ったものや石・土製の耳飾り、ヒスイ製の玉類、南海産の貝殻製の腕輪などがある。縄文時代では、腕輪が女性、腰飾りは男性に多い一方で、玉類などは、男女両方ともに身につけられていた。

次に、弥生時代の特徴としては、新たにガラス製の玉類が登場することである。このことによって、弥生時代の人々は、今までにない澄みわたる青を身につけることができるようになる。古墳時代にはいると、髪飾りや首飾り、腕輪などの縄文・弥生時代にみられた伝統的な装身具に加え、金・銀・金銅製の冠や耳飾り、指輪、履物といったような、大陸からもたらされたものなども登場してくる。また、群馬県太田市の塚廻り3号墳からは、ネックレスなどを身につけた埴輪が出土しており、当時のアクセサリーを着装した様子を窺い知ることができる。そして、仏教伝来に伴って、装身具として使われていた玉類は、仏舎利や鎮壇具などにも用いられるようになり、それまでとは異なった役割を果たすようになる。

装身具の意味

玉や貝などで作られた装身具で身を飾るということは、どのような意味合いが込められていたのであろうか。そこには、時代や地域、場面などによって、さまざまな意味を想定することできる。たとえば、縄文時代において、ヒスイ製勾玉を身につけるということは、自信を護るといった呪術的意味合いが大きかったと考えられている。

しかし、弥生時代以降、とくに古墳時代になると、ヒスイ製勾玉などの装身具は、権力者が保持している生産力や武力のシンボルとしての意味合いを強くもつようになる。しかし、時代によって装身具の意味に変化が生じる一方、色彩の豊かなものを身につけることにより、自身を着飾るといった意味は、どの時代にも共通して存在していたのではないだろうか。

また、現代においても、誕生石やパワーストーンを身につけている人々は少なくない。彼らもまた、昔の人々と同様に、なにかしらの不可視な効力を期待して身につけているのであろう。

21

履物

庶民は裸足だった？

履物とは

履物は、下駄や草履、草鞋など多種にわたって存在しているが、一般的には、足に着用する服物の総称のことをいう。また、履物の役割は、種類によって異なるが、足の保護を第一義と考えてよいであろう。それに加えて、水田での作業や氷雪地帯で歩行する際に生じる、足の埋没や滑り倒れることを防止する役割をもつ履物もある。履物を構成する材料は、主として稲藁・毛皮・木材・布などがあげられ、それら単独の材質からつくられるものもある一方で、材質同士を組み合わせてつくられているものもある。この多種多様に存在する履物は、構造上の観点から開放性履物と閉塞性履物に大別することができ、前者には、足の甲部を露出する下駄や草履などがあげられ、後者には、足の甲部を被覆する木沓や足袋などが含まれている。このような履物の構造差というのは、着用されている地域の気候や風土と密接的な関係性があることが指摘されている。また、服飾史や風俗史といった視点から履物の変遷に関する研究がおこなわれており、履物には、儀礼的・階級的性格も含まれていることが指摘されている。

史・資料からみた履物

出土する土偶の足先に履物の表現を見出すことができないことなどを根拠として、縄文時代のほとんどの人々は、素足であったと考えられている。そのような中、長野県から長靴形の土製品が伝来している。この遺物については、寒冷時に着用した特別な履物であった可能性が指摘されている。

弥生時代後期になると、静岡市に在る登呂遺跡から、住居跡や水田跡とともに多数の田下駄が確認されている。この田下駄は、水田耕作のさい着用されたものである。しかし、弥生時代において田下駄以外の履物は、確認することができなく、加えて『魏志倭人伝』のなかに「皆徒跣」と記載されていることからも、田下駄を使用するとき以外は、素足であったと考えられている。

古墳時代になると、履物の存在がより明確化してくる。たとえば、人物埴輪の武人像の足先に靴が表現されていたり、古墳から金銅製飾履が副葬品として確認されている。この黄金に輝く金銅製飾履は、韓半島との関係性が指摘されており、被葬者の富や力を誇示する意味合いも込められていたようである。

奈良時代に入り、衣服や履物が新しい服飾制度により規定される。奈良の正倉院には、聖武天皇御舃や錦履など、当時の履物を知る上で手がかりになる履物が多数おさめられている。

22

イレズミ

装飾と犯罪の証拠

イレズミの起源

最近、若者の間にタトゥー（イレズミ）が流行しているときくが、イレズミの起源それ自体は古く、縄文時代にさかのぼるとされる。土偶にみられるイレズミであり、黒曜石を用いて皮膚を「裂く」、つまり、切傷してそこに赤色などの顔料をすりこんだと推測されている。イレズミの目的は、成人になったあかしとされており、成年儀礼のひとつだったのではといわれている。

文献史料としてイレズミが記されているのは、『魏志』倭人伝である。邪馬台国の習俗を描写した中に、男子は体や顔にイレズミをしているとある。そして、倭の海人は海にもぐり大形の魚類などから身を守るためにイレズミをしていると記されている。さらに、イレズミは次第に装飾となっていったとあり、国々によって違いがあるし、また、身分によっても差違がみられるとある。こうしたことが、歴史的事実であったか否かについては史料が少なく断定することは容易ではないが、海人たちがイレズミをしていたという点についてはしばしばいわれることである。

刑罰としてのイレズミの有無

古墳時代になると、人物埴輪の顔に赤色をほどこしたものがみられ、これらもイレズミといわれている。その目的については定かではないが、『日本書紀』をみると、刑罰としてのイレズミの記載が散見する。

たとえば履中天皇の時代に阿曇連浜子が謀叛の罪でとらえられ、額などにイレズミをされたとある。また、雄略天皇の時代のこととして、菟田の人の犬が鳥官の鳥をかみ殺したため、その人の顔にイレズミをして鳥養部にしたことが記されている。

こうしたことは阿曇部や鳥養部がおこなっていたイレズミの習慣を説明するための記事であるとされ、おそらくは中国の風習が背景にあるのであろうといわれている。

古代の日本に刑罰としてのイレズミがあったか否かについては明らかではない。というのは、『日本書紀』の記事を重視するならば、八世紀初め、すなわち奈良時代には、そうした刑罰としてのイレズミの存在をいうことも可能かと思われるが、律令の規定をみるとイレズミの刑はみあたらない。イレズミが刑としておこなわれるのは、一般にはのちの江戸時代のこととされる。

冠帽

発掘された「大職冠」

冠位十二階

聖徳太子らが、隋唐の冠帽制にならい六〇三年に冠位十二階を制定した。これにより、冠が、位階制の一環として用いられるようになったといえる。それは、徳・仁・礼・信・義・智の六種を大小に分け十二階とし、冠の色（紫・青・赤・黄・白・黒）によって等級や位階の序列を表すものである。また、律令制において、儀式などの際には礼服冠をかぶり、朝廷に出仕する場合には頭巾を着用していたとされており、場面によって冠の使い分けがなされていた。『日本書紀』では、冠位を表す被物は、平絹で作られ嚢状で縁が付けられていたとされているが、実際にどのような被物であったのであろうか。

考古資料からみる古代の冠帽

一般的に冠は、額に巻かれる幅のある帯状ものをいい、帽は袋状で頭にかぶせるものをさす。日本では、五世紀以降から冠帽の出土が確認されるようになる。出土した冠について、いくつか例外はあるものの、帯の部分が細く、正面に立飾がつくものと幅広い帯に正面に立飾がつかないものに大別することができ、両者とも朝鮮半島の冠の影響が指摘されている。また、日本出土の冠の材質は、銀製や金銅製が大半を占め、くりぬいた銀板・銅板に鍍金していることがわかっている。冠の出土事例は、奈良県の藤ノ木古墳（六世紀後半）や茨城県の三昧塚古墳（五世紀末）などが有名である。また、群馬県の八幡原古墳からは、冠をかぶった人物埴輪も確認されている。

日本から出土する帽の事例としては、熊本県の江田船山古墳（六世紀後半）から出土した金銅龍文透冠帽がよく知られており、龍文が施された透彫りの金銅板を二枚合わせて袋状にしているのが特徴である。また、大阪府にある阿武山古墳（七世紀代）からも帽が出土している。この古墳は、藤原鎌足の墓といわれている。そこから、金糸で刺繍し絹で織られた袋状のものが、発掘調査の際おこなわれた被葬者へのX線写真によって確認されており、それが、藤原鎌足に送られた「大織冠」である可能性が高いといわれている。また、奈良県の高松塚古墳の壁画からは、当時の服飾をみることができる。その壁画の中に男子の帽も確認されており、形態的特徴が隋唐の幞頭《ぼくとう》に類似するといった指摘もなされている。さらに、古代で用いられていた帽の中には、紙や布に黒漆を塗ったものもあることがいわれている。

24

メニュー

貴族の豊かな食生活

特別な日のメニュー

古代の食事は朝夕の一日二食が普通であったとされ、主食は米で、副食として魚・海藻・野菜・漬物などが食べられていた。庶民の食事は、精白度の低い白米に青菜の汁と塩がついているというような質素な食事であったとされる。しかし、当時の身分の高い人々は、たくさんの種類の珍味や贅沢な料理を食べていたようである。

『平城京　奈良の都のまつりごととくらし』（国立文化財機構奈良文化財研究所編・発行）に奈良時代の食事が再現され、写真入りで掲載されている。そのメニューをみていくと金属器の食器を使用した食事は、特別な日に食べられていたもので、①堅魚鮓（塩漬けの鰹をご飯と一緒に自然発酵したもの）、②蕀甲蠃（塩ウニ）、③干宍（鹿の干し肉）、④胎貝富也公作（イガイとホヤのあわせもの）、⑤楡蟹（楡の皮の粉と小蟹の塩辛）、⑥索餅《むぎなわ》（米の粉いりそうめん）、⑦酢年魚（鮎の酢漬け）、⑧久恵荒腊（クエの干物）、⑨乳粥（牛乳で炊いたおかゆ）、⑩螺（サザエの壺焼き）というぜいたくなものであった。

普通の日のメニュー

通常の食事では漆塗りの食器を使用し、十七種類もの料理を皇族や貴族の人々が食べていたとされる。前記の本によると通常の日のメニューの例として、①荷葉飯（蓮の実入りのごはんを蓮の葉で包んだもの）、②菓子、③茄子瓜入醤（塩漬けナスと干したウリを醤油に似た調味料で漬けたもの）、④水須々保理（塩水に漬けて発酵させた漬物）、⑤蘇（牛乳を煮詰めた乳製品）、⑥焼鰒（焼いて削ぎ切りにしたアワビ）、⑦野菜茹、⑧焼海老、⑨熬海鼠（茹でて干したナマコをもどしたもの）、⑩干蛸（皮を取り焼いてから干したタコ）、⑪生加岐（生カキ）、⑫鹿醢（鹿の細切り肉の糀入り塩辛）、⑬鮮鮭鱠（鮭のなます）、⑭飯（蓮の実入りご飯）、⑮醤（醤油に似た調味料）、⑯塩、⑰鴨の汁物という内容である。魚や貝、肉などは塩などで漬けて発酵させたものが多く食されている一方で、カキや鮭などは生で食べていたことがわかる。当時の貴族の人々が、豊かな食生活を送っていたことがわかる。

古代の史料から、古代の人々が蕗、芹、蕨、茄子、芋、大根《おおね》、蓮根《はちすのね》、大蒜《おおひる》、竹子などの野菜を食べていたことがわかる。

『和名類聚抄』には、餛飩（小麦粉で丸く作り、中に細かく刻んだ肉を詰めて煮たもの）や署預粥（芋粥）、粽（ちまきのことで五月五日に食べた）など様々な種類の食材の名が見え、平安時代にどのようなものが食べられていたかを窺うことができる。

25

米

主食の米はどこからきた?

食文化の中の米

わたしたち日本人と米は切っても切れないほど深い関係がある。まず第一に主食としての米の役割である。米を用いた食品としては、酒やミソ・菓子などもあげられるが何といっても、主食としての役割が一番である。

米は大陸から縄文時代後期に伝来したとされるが、伝来以来、一貫して主作物の位置を占めてきた。米、正確にいうとイネといった方がよいであろうか、そのイネのタイプは「日本型」と「インド型」とに大別される。多様化した現代人の食生活をみると、米の位置が高いとは必ずしもいい難い。しかし、米が日本列島に伝わって以来、このようなことは異例中の異例といえることなのである。

米の生産はいつの時代も需要に供給が追いつかず、生産が消費をはじめて上回ったのは、一九六〇年代の後半になってからである。このことからも米がいかに貴重な作物であったかがわかる。

米の発生地と日本列島への伝来

米はたしかに大陸から伝来したものであるが、その発生地についてはわからないことが多い。かつてはインドが発生地といわれていたが、中国の雲南地方ともいわれるようになり、最近では、揚子江の中・下流域が有力とされるようになってきている。

たとえば、揚子江下流の河姆渡《かぼと》遺跡からは、今から六〇〇〇〜七〇〇〇年前の米がみつかっている。河姆渡遺跡をはじめとして、揚子江の中・下流域にはこうした最古の米を伴う遺跡があることから、米の起源をここに求める説が有力になってきているのである。それでは、ここから日本列島までの経路はどのようなものだったかというと、この点についても説がわかれる。

米の伝来経路そのものについては、四つのルートが想定されている。

①中国の江南もしくは山東から、東シナ海を渡って、北部九州へというコース。

②やはり、江南・山東から朝鮮半島を経て北部九州へというコース。

③中国の華北から朝鮮半島を経由してというコース。

④南方から沖縄・南西諸島を経て北上したというコース。

これらのうち、揚子江中・下流域を米の発生地ととらえるならば、①・②のコースが有力と考えられるが、米の伝来経路を限定していうのは必ずしも正しくなく、複眼的にみた方がよいという考えもある。

26

穀物

時代によって変遷した五つの穀物

五穀とは?

穀物とは広い意味では、農作物一般をさしていうが、より限定的には、たねを食用にするもので、さらにそれを主食かそれに近い食べ方をするものをいう。具体的には、イネ科に属するイネ・アワ・キビ・ヒエ・ムギ・トウモロコシ・ハトムギやタデ科のソバ、そしてそれらにゴマ科やマメ科のダイズ・アズキなどが入ることもある。

これらの穀物の中でも、特に代表的なものを五穀というが、何をもって五穀というかについては時代によって差異がみられる。たとえば、奈良時代に成立した『日本書紀』では、イネ・アワ・ヒエ・ムギ・マメのこととしているが、同じ古代でも平安時代の『和名類聚抄』では、イネ・モチキビ・タカキビ・マメ・ムギとなっている。

また、鎌倉時代の『拾芥抄』では、イネ・オオムギ・コムギ・ダイズ・アズキとしている。このように、ひとくちに五穀といっても、時代によって変遷があり、限定した形ではいえないのである。

コメの調理法

日本人の主食は古代からイネ、すなわちコメである。その調理法は、①蒸す、②煮る、③焼くの三つが考えられる。

まず、蒸すたべ方からみると、甑を使って、蒸していた。甑は中国から伝来したとされ、それも稲作とほぼ同時に伝わったといわれる。コメを布でつつんだり、カゴなどに入れたりしてそれを甑の中に入れる。フタをかぶせ、底には竹を編んだものやカシやハスなどの葉をしく。それを、水の入った土器とセットにして蒸すのである。

煮るというのは、かゆにして食べる方法であり、「みめかゆ」とか「みずがゆ」とかとよばれる。水にひたしたコメを炒るというやり方も用いられた。

焼く食べ方は、保存食としての用いられ方であり、主として旅などの際の携帯食であった。それは「もちいひ」とよばれるものであり、弁当にあたる。どんなものかというと、蒸したコメをつぶして円くうすくして重ね、その間に肉などをはさめる、いわゆるサンドイッチのようなものであった。これは、現代の正月の重ね餅につながるとされる。

他にも蒸した飯を乾かしたり炒めたりした「ほしいひ」や米粉を練ってゆでた「しとぎもち」などもあった。

27

おかず

豊かな副食

古代から主食は、米をはじめとする穀類であったと思われるが、それに付属する副食、つまり、おかずには多様なものがみられる。魚介類にしても、想像する以上のバラエティーがみられる。

魚類・貝類

たとえば、『出雲国風土記』をみると、郡ごとに水産物のまとめが記されている。そのひとつで島根半島の東部にあたる島根郡には、中海で獲れるものとして、入鹿《いるか》・和爾《わに》（シュモクザメ）・鯔（ボラ）・須受枳（鱸《すずき》）・近志呂（鰶《このしろ》）・鎮仁《ちに》（黒鯛）・白魚・海鼠《こ》・鰝蝦《えび》・海松《みる》をはじめとして数えきれないくらいの種類があると記載している。さらに、日本海側で獲れるものとして、志毗《しび》・鮐《ふぐ》・沙魚《さめ》・烏賊《いか》・蜛蝫《たこ》・螺《さざえ》・蛤貝・蕀甲蠃《うに》・甲蠃《かせ》・蓼螺子《にがし》・蠣子《かき》・石華《せ》（カメノテ）・白貝・海藻《にぎめ》・海松《みる》・紫菜《むらさきのり》・凝海菜《こるもは》など書き切れないくらいのものがあるとしている。これらのものは、生をはじめとしてさまざまな調理法で食されたと思われる。海松については、『今昔物語集』巻三十に酢に入れて食べるとある。

川魚も鮎をはじめ多様であった。たとえば、『源氏物語』の「常夏」では、西川（大堰川・

桂川）であがった鮎やその付近の川で獲れた石斑魚を光源氏や殿上人の前で調理したことがみえる。この他にも「藤裏葉」では、鵜を使って鮒をとらせ、それを調理している。

かわったところでは、『源氏物語』の「真木柱」に鴨の卵が登場する。これらも食膳を飾ったと思われる。

野菜・果物

野菜や果物についても種類はきわめて多種にわたる。たとえば、『源氏物語』をみても、筍・野老《ところ》・つくし・わらび・蓮の実をはじめさまざまなものがみられる。

『蜻蛉日記』には、大根を柚子の汁であえ物にして食べたり、食欲がないときに「しぶき」に柚子を切ったものを添えて食べている。

『枕草子』にも、独活《うど》や瓜の他、梅・甘栗・椎などをみることができる。

果物に関しては、『和名抄』に「石榴・梨子・樆子《やまなし》・柑子・木蓮子・獼猴桃《しらくち》・榛《はしばみ》・栗・杬《ささ》子《ぐり》・椎子・櫟子・榧子・五粒松子・胡頽子《ぐみ》・鸎実・杏子・棕子・林檎子《りんご》・楊桃・桃子・麦李・李桃・棗《なつめ》・橘・橙・柚・梅・柿・鹿心柿・杼・枇杷・椋子」などがあげられている。

調理法

現代とかわらない多くの調理法

羹《あつもの》・蒸物《むしもの》・茹物《ゆでもの》・漬物《つけもの》

野菜や肉類を古代人はどのようにして食べていたのであろうか。加工せずに生でそのまま食べてもいたが、その他にさまざまな調理法があったようである。

まず、羹である。これは野菜や魚を熱く煮た吸い物で、有名なものとしては、正月七日の白馬の節会や正月の初の子の日に若菜を羹にして食べていた。

野菜などを水蒸気でむした蒸物やゆでて食べる茹物も一般的であったと思われる。

漬物は、保存食の一食であり、ふつうは野菜を漬けた。『延喜式』を開くと、瓜や冬瓜の糟漬や茄子の醤漬などがみえている。保存食としては、鮨もあり、鮨鮑・鮨鮎・鮒鮨などがある。

炙物《あぶり》・熬物《いり》・干物

火を使って焼いたものが炙物である。魚や貝類はこの調理法で食べることが多かった。魚類は古代において重要な栄養源であり、たとえば藤原道長の日記である『御堂関白記』寛仁三年

（一〇一九）二月六日条をみると、道長の視力減退に対して医師達は魚を食べることをすすめている。この結果、道長は、魚はここ数ヶ月間、食べるのを断っていたが、やむをえず医師達のすすめにしたがって五十日間だけ禁を破るとして、その代わり禁を破る償いとして、法華経一巻を書写すると記している。平安時代の貴族層の魚を食べることについての意識の一端がうかがわれ興味深い。

煮物とは、野菜や魚などを水分の少なくなるまで煎ったもので、『今昔物語集』巻二八には、平茸を煎って食べる話があり、その味は美味であるとしている。

干物は魚などを生もしくは塩をつけて戸外で干したもので、魚を細長く割いて干す方法の「すはやり」や魚を竹串に刺して乾かしたりした。『今昔物語集』巻二八には、鯛や鮭・鰺を塩辛くした干物が酒の肴として登場している。『宇津保物語』には雲雀の乾鳥というのが出てくるが、これは、鳥を一羽そのまま乾かしたもので、食べる量に応じてけずりとったとされている。

魚や鳥以外では、柿なども干して食べている。現代人も食べる干し柿であり、これも干物の一種である。

29

保存食

古代のすしと乳製品

古代の「すし」

日本の代表的な食文化である「すし」は、いまやダイエットに適しておいしいということで世界の「すし」になっている。「すし」はふつう寿司と表記されるが、こうした表記がなされるようになったのは、江戸時代の終わりごろとされている。古代には「酢」とか「鮨」とかと記されており、どちらも「すし」と発音されていたと思われる。

すし、それ自体も実は日本に生まれたものではない。そのルーツをたずねると東南アジアの水田耕作民たちの魚肉保存食とされている。具体的には、魚や肉を塩や米などの穀物に漬けこんだものをいう。日本で言うナレズシという食物にあたる。

こうした保存食の技法は、東南アジアから北上して稲作と共に中国へと伝えられた。漢字では「鮓」と表されていたが、のちにシオカラのことをいう「鮨」の字も使われるようになった。こうした二つの表記が日本にも伝来したのである。

すしは、奈良時代以前にはすでに日本に伝わったとされており、平城京跡出土木簡や『養老令』・尾張国や但馬国の正税帳などに表記がみられる。『延喜式』にはおよそ三〇の国から税として都へ送られている。

古代のすしは、ナレズシといわれるものであり、もっぱら中に漬けた魚や肉を食べたと思われ、『今昔物語集』には、アユずしをおかずに飯を食べる話がみられる。したがって、もともとは飯とは関係のない食物であったのである。

古代のバター・チーズ

奈良時代のころから、朝廷では、乳牛を飼育しており、それは次第に地方へも広まっていった。主として牛乳をしぼったと思われるが、牛乳を生のままで運ぶことは距離的限界がある。そこで牛乳を加工して「蘇」というものにした。

蘇は保存がきく乳製品であり、現代でいうとバターやチーズに相当する。その製法は、牛乳から酪をとり、さらにそこから酥（蘇）から醍醐をつくった。醍醐は、蘇のエキスであり、乳製品のなかで最高の美味とされた。今日、「醍醐味」という言葉があるが、その由来はここからきている。

30

食事

基本は一日二食

貴族と庶民の食事

平安時代の正式な食事は、貴族の場合、朝は巳の刻（午前十時頃）もしくは午の刻（正午頃）と、夕は申の刻（午後四時頃）の一日二回であった。主食は米を蒸した強飯《こわいい》（現在のおこわ）と柔らかく炊いた現在のご飯にあたる糄糅《ひめ》というものがあり、暑い時には、糄糅《ひめ》を冷水につけた水飯というものを食し、寒い時は湯漬けとして食べた。強飯は儀式などの時に食した。この他に、飯を乾したもので、携帯食として食べられた乾飯は、食べる時に湯や水で戻して食べられていた。粥は汁粥と固粥の二種類があり、汁粥は現在の粥である。餅もお祝いの時に食べられていた。藤原師輔の記した『九条殿遺誡』には、朝夕の食事は決められた時間に食べて、暴飲暴食をしないようにと子孫に守るように教えている。

労働量が多かった下級官人や庶民たちの食事は、上記の二食の他に間食を食していた。汁物と「あわせ」とよばれるおかずとご飯を食べていた記録があり、貴族の食事と較べてかなり粗末なものであった。白米が食べられるのは貴族に限られ、庶民は、玄米・粟・稗が主食であったと考えられる。その他に小麦・蕎麦・大豆・小豆なども食されていた。

副食物としては肉・野菜・魚貝類・海藻などが食べられていた。肉は仏教の禁忌により、牛・馬は避けられており、鳥類が好まれていたようである。魚や肉などは干物や羹や塩漬けされたものが食卓にのぼっていたと考えられる。

副食物の例

『新猿楽記』には諸国の特産物が列記されており、魚貝類は、伊予の鰯、近江の鮒、越後の鮭、備前の海糠《あみ》、周防の鯖、伊勢の鯯《このしろ》、隠岐のアワビなどがあり、野菜は若狭の椎《しい》子、山城の茄子、大和の瓜などが掲げられている。果物も美濃の柿、信濃の梨子、丹波の栗なども収穫されていた。『万葉集』に「瓜食めば　子ども思ほゆ　栗食めば　まして偲はゆ…」と詠まれており、子供のおやつとして瓜や栗が食べられていたことがわかる。

『小右記』寛仁三年（一〇一九）八月十九日条によると、天台座主慶円が病気になった際に、藤原実資が内供奉に生乳を飲んでもよいのかと問い合わせたところ、生乳や大豆煎を良く火を通して服用するように述べている記述がみられ、体調を崩した時の食事の取り方もあったようである。牛乳については、『医心方』よると、牛乳や酪・蘇などの乳製品は、全身の衰弱を補うこと、胃に活力を与え、皮膚をなめらかにすること、五臓の働きを助けることを効能としてあげている。蘇は薬の材料として用いられていた。

31

お酒

古代人の飲酒事情

古代人は酒好き？

日本人はいつごろから酒を飲んでいたのであろうか。史料の上では『魏志』倭人伝に倭人は「人性嗜酒」とあるのが早い例である。これによると酒好きの性格ということになろう。また『魏志』倭人伝には、葬儀のさいに「歌舞飲酒」するとも記されている。

日本列島に、本格的な水稲耕作が伝わったのが弥生時代であるから、邪馬台国の時代に日本列島の倭人たちが米で造った酒を飲んでいても少しも不思議ではない。

また、酒は何も米からだけ造るとは限らない。縄文時代の中期には、酒用の土器と推測されるものが出ているし、後期・晩期になるとガマズミとかカジノキの実がみつかっており、こうした木の実を発酵させて果実酒を造っていたともいわれる。粟や黍も作られていたといわれており、濁酒が造られていた可能性もある。

弥生時代以降にみられる米からの酒は、濁酒であるが、『古事記』・『日本書紀』や『万葉集』には「清酒」という言葉がみられる。一般にはこれも濁酒の系統とされるが、何らかの差があったのであろう。「八塩新酒」というのもある。スサノオが八岐大蛇に飲ませた酒であるが、これはもろみをこした酒の中に米こうじ・蒸米を仕込む醞法を何度もくり返して造った「御酒」のことかと思われ、『延喜式』にその醸造法がみられる。

くちかみの酒

興味深い酒造りが奈良時代にまとめられた『大隅国風土記』逸文にみられる。くちかみの酒とよばれるもので、村の男女が水と米をもちよってひとつの家に集まり、米をかんで酒糟に吐き入れる。時がすぎ、酒の香が出てきたら、作業した男女が集まり、これを飲むというのである。

これは、村という共同体における酒造り、そして、飲酒形態を記す珍しい例である。八世紀の庶民たちの一般的な酒として、くちかみの酒という、現代のわたしたちには、ちょっと考えられないような酒があったことを教えてくれる。

こうした庶民の酒であるくちかみの酒がある一方で、『延喜式』には、酒を仕込水の代わりに用いた「醴酒」といった宮中用の酒の造り方も記されていて、貴族と庶民との間の格差をまざまざと感じさせる。

32

塩

古代の製塩技術

生命の維持に不可欠の物資

塩分が人体に不足すると食欲不振をはじめとするさまざまな異変が起こるとされ、その補給が不可欠である。

日本列島には岩塩がないため、塩は海水から得るほかなかった。土器のない旧石器時代には、人々は海産物やそれらについたわずかの塩にたよっていたと思われるが、縄文時代後期ごろからは土器による製塩がみられるようになる。海水を土器に入れ、煮沸して土器についた塩をとるという現代人からみると気の遠くなるような方法であった。

弥生時代になると、海人による製塩の専門化・分業化がみられるようになる。たとえば、神奈川県の三浦半島の間口洞窟からは、大量の木炭や焼土の層が検出されている。さらに土器片の出土状況などから、ここで大量の塩が専門的に製産されていたといわれている。

塩は調味料としてのみならず、防腐・保存のためにも用いられた。そのため、山間部の人間にとっても必需品であった。そうした山間部の人々はどのようにして塩を手にいれたのだろうか。まず思いつくのが、製塩地域との物資の交換という手段であろう。まさに、塩は、交易物資としても重要視されたのである。

製塩の発展

製塩のことを「藻塩焼く」といい、「もしほやく　烟《けむり》になるる　須磨の蜑《あま》は　秋立つ霧もわかずやあらむ」と歌にも詠まれたりした。ここでいう「藻塩焼く」とは、直接塩をとるための行為ではなく、濃い食塩水を作るため海藻を海水に何度もつけて乾燥させる作業とされる。これは、効率よく塩をとるための手段であり、それは大規模製塩を意味する。

仲哀紀にみえる「塩地《しおのところ》」とか『播磨国風土記』の飾磨郡の「塩代の塩田」の記載は、とりもなおさず、塩田が作られていたことを示している。

具体的には、塩田が発展したのは奈良時代とされる。たとえば、『常陸国風土記』の信太郡の浮島村の条をみると、ここは「四面絶海」の島であり、十五戸ある百姓たちは、水田が七、八町あまりしかないため、「塩を火《や》きて業《なりはひ》と為す」と記されている。ここには八世紀の初めの浮島村の状況が描かれていりわけであるが、島民すべてが製塩を生業としているとある。つまり、村は製塩の村として知られ、生計を立てることができるまでになっているのである。

調味料

古代の基本もさしすせそ

塩・醬類

古代の調味料として、塩・醬・酢をあげることができる。塩は動物が生きていく上で欠かすことができない調味料である。古代の塩はほとんど海から得ていた。塩は、調味料として、膳に並べられたり、魚や肉などに塩をつけて長期保存するために使用されたり、醬をつくる材料に用いられた。塩には粒状の堅塩とその堅塩を舂いて粉状にした塩があったと考えられ、塩の呼称としては、石塩・堅塩・戒塩・白塩・黒塩・舂塩などがある。塩は調物として、正丁一人に三斗、次丁はその半分、調副物として正丁一人に一升などが割り当てられていた。奈良時代の塩の生産国は、志摩、尾張、参河、駿河、但馬、備前、備中、周防、長門、讃岐などがあり、瀬戸内海沿岸の国々が多くみられる。平安時代になると、更にこの傾向は進んで、瀬戸内海沿岸で塩が生産されるようになる。『宇津保物語』『藤原の君』には魚と一緒に塩が棚に並べられ、小売りされていた記述がみえ、『今昔物語集』第二十八の五には、塩辛干しの鯛や塩引き鮭、鰺の塩辛、鯛の醬など、保存用に魚を塩漬けしていたことがわかる。養老令の賦役令や『尾張国正税帳』などに雑鮨の表記があり、『延喜式』には中男作物として、鮒鮨・鮭鮨・醬鮒各八斤、鰒鮨二斤十両を納めることが定められている。古代の鮨は魚貝に塩をつけて、米飯に押し込み、発酵させたものをいう。

醤は大豆・米・小麦などに塩を加えて麹で発酵させたものをいう。古代の文献には、醤・荒醤・悪醤・上醤・中醤・下醤、糟交醤などの名称がみえ、品質の違いで名称が違っていたと考えられる。『延喜式』に醤の材料について、「供御醤料　大豆三石。米一斗五升糵料。糯米四升三合三勺二撮。小麦・酒各一斗五升。塩一石五斗。得㆓一石五斗㆒。」とあり、原料として、大豆、米、餅米、小麦、酒などから、一石五斗の醤を得ることができるとしている。醤は、饗宴の際に塩や酒、酢などとともに台に並べられたり、茄子などの野菜を漬けたものもあった。

味醤・酢

味醤《みそ》は、『駿河国正税帳』には「末醤《みそ》」と表記されており、『和名類聚抄』飲食部では「末醤」は高麗醤を「美蘇」と言ったこと、「末醤」が「末醤」に変化し、「味醤」へと変わったと説明している。『延喜式』によると味醤の材料として、醤大豆・米・小麦・酒・塩とあり、作り方は醤とそれほど違いがないと考えられている。

酢は、律令時代には造酒司が、酒や醴とともに作っており、膾や酢の物などに用いられていた。『延喜式』に酢の材料は、「酢一石料。米六斗九升。糵四斗一升。水一石二斗」とある。

34

甘味料

〝甘い〟は貴重

甘葛煎

古代の一般的な甘味料として、甘葛煎《あまづらせん》があげられる。甘葛煎は千歳虆《あまづら》という蔓草の茎の切口からとれる甘みのある液を煮詰め、絹で漉して作られたと考えられる。『延喜式』によると、遠江国、駿河国、伊豆国、出羽国、出雲国は二斗を、伊賀国、越前国、丹後国は一斗を、大宰府は七斗、その他の国々が、甘葛煎を直接蔵人所に貢進することが定められており、諸国より朝廷に甘葛煎が貢進されていたことがわかる。また、『枕草子』三十九に、「削り氷にあまづらいれて、あたらしき金椀《かなまり》にいれたる」とあり、夏の日にかき氷に甘葛煎の汁をかけた様子は気品の高いものであると記されている。朝廷が諸国に進上させていることや、貴族や裕福な人が食べている記述があることから、甘葛煎は貴重であったと思われる。

飴・蜜・砂糖

古代の甘味料としては、他に飴（糖）、蜜（蜂蜜）が使用されていたと考えられる。まず、飴については『日本書紀』には、神武天皇が全国平定を祈願して、水無しの「飴《たがね》」を作って天神地祇に祈ったという記事があり、飴が作られていたことがわかる。飴（糖）の材料について、『延喜式』に「糖料　糯米一石。萌小麦二斗。得二三斗七升一。」と記されている。

蜜は蜂蜜のことで、古代では「ミチ」と呼ばれていた。『日本書紀』皇極天皇二年に百済太子余豊が蜜蜂の巣四つを三輪山に放した記事が初見であり、『続日本紀』天平十一年（七三九）に「蜜三斛」を、『日本三代実録』貞観十四年（八七二）には「蜜五斛」が渤海国から朝廷に進上されている記事がみえる。また、『九暦』逸文天暦四年（九五〇）には、藤原師輔の娘安子が憲平親王を出産した後に唇に蜜を塗ったという記述があり、『医心方』によると、虚労した時に蜂蜜を材料に作られている蘇蜜煎という薬を栄養食品として飲むと良いと記されている。その他の使用方法として、『源氏物語』鈴虫には「荷葉の方を合わせたる名香、蜜を隠し、ほほげて焚き匂ほしたる。」と記されており、薫香を練る時のつなぎとしても使用された。『延喜式』によると、蜜は甲斐国、相模国、信濃国、能登国、越中国、備中国、備後国の七カ国から朝廷に進上されていたことがわかる。

砂糖は、遣唐使や来日した僧侶たちによってもたらされた。最初に我が国に砂糖を持ってきたと伝えられる人物は鑑真であるとされる。「東大寺献物帳」に蔗糖二斤十二両三分と記されている。最澄も砂糖を朝廷に進上した記録があり、古代において、砂糖は非常に貴重なものであったので、なかなか手に入らないものであった。

35

箸

箸の使用は平安時代から

箸の出土状況

現在も用いられている細長い二本の棒状もしくはピンセット状の食べ物を挟むための道具が箸である。『魏志倭人伝』や『隋書倭国伝』によると、その当時の日本列島の人々は手食をしていたとされる。中国の漢代には箸が一般化していたと考えられ、朝鮮半島では三国時代に青銅製の箸が使われていたとされる。日本には仏教とともに仏具として伝来したとされる。『和名類聚抄』厨膳具条には「箸　唐韻云筋〈遅倨反和名波之〉」と記されており、「波之《ハシ》」と読んでいることがわかる。

飛鳥池遺跡では七世紀後半の佐波里とよばれる銅とスズと鉛の合金で作られた箸が出土されており、正倉院には銀製鍍金の箸が伝来している。平城宮跡より檜や杉製の箸が発掘されており、長さ十七㎝～二十二㎝のものが多く出土している。木製の箸については、藤原宮跡からはほとんど出土がみられないが、平城宮跡では多く発掘されている。しかし、平城京跡ではあまり出土していない。長岡京跡や平安京跡においては出土されているので、八世紀後半以降には一般的に箸が使用されていたと考えられる。

史料・文学作品などにみえる箸

箸の素材については、金属製の箸が使用されていたことがみえ、『延喜式』内匠寮には「銀箸三具（各長八寸四分。）料」、「白銅箸四具料。」と金属製の箸について記されている。金属の箸の他に、『延喜式』大膳上に神今食料の中に「箸竹八十株。」、釋奠祭雑給料の中に「箸竹百廿株。」と記されており、竹製の箸が使用されていたことがわかる。『宇津保物語』「蔵開上」には、主人公仲忠の妻、女一の宮の出産の際に産養《うぶやしない》と誕生後五十日目に行われるお祝いで届けられた贈り物について、「黄金の食器の大きなの小さいの、銀の箸をたくさん取りそろえてお届けになった」と記されている。『枕草子』二〇一段には「もののうしろ、障子などへだてて聞くに、御膳まゐるほどにや、箸・匙など、とりまぜて鳴りたる、をかし。」と記述されており、貴族の人々の食事の際に箸や匙が鳴っている音がすると書かれていることから、金属製の箸は貴人が食事の時に使用していたと考えられる。また、古代においては匙と箸を併用して、使用されていたことがわかる。庶民の人々は檜・柳・杉・竹製の箸を使用していたと考えられる。絵巻物の『信貴山縁起』第三巻「尼公の巻」では、故郷の信濃から僧である弟命蓮を探して奈良の都に上京する様子を描いた場面で、童が手に箸と椀を持っている姿が描かれている。

匙

正倉院などに残された古代のスプーン

匙の遺物

食物をすくう道具が匙である。『和名類聚抄』厨膳具条に「匙　説文云匕〈甲履反和名賀比〉所以取飯也」とあり、中国では匕とも書き、日本では「賀比〈カヒ〉」と呼ばれていたことがわかり、盛った飯をすくうことに使われた道具である。平城宮木簡にも「加比」と記されており、「カヒ」が匙に相当するものであることがわかる。匙には貝製・木製のもの以外にも金銀・金銅・銅・銅と錫・鉛の合金である佐波里製の匙が存在している。

正倉院には、金銀製の匙や佐波里製の匙、貝製の匙が伝来している。その他にも、法隆寺献納宝物には響銅製（佐波里製）の匙が残されている。その一つは、浅く卵型をした匙面に細長い柄がつけられている簡素なもので、長さ約二十㎝ほどのものである。これは、現在のスプーンのような形である。匙の形状には木葉形・貝殻形・円形浅形・円形深形があり、木葉形は正倉院の金銀匙、佐波里匙、伝崇福寺址出土銅匙、興福寺鎮壇具中の銀匙などがある。正倉院の金銀匙は金鍍金の銀匙で匙面は木葉形で浅く、柄は反りをもたせて長くつくられており、長さは約二十九・五㎝ほどである。貝殻形は正倉院に貝匙六十枚が伝来している。材質はアコヤ貝を磨いて卵の形に切り、竹柄にかませて銅の釘一本で固定されているものである。十枚を一束として紐でまとめ、一束中篠竹柄が九枚、繁節竹柄が一枚というセットでまとめられている。円形浅形の匙は先述した法隆寺献納宝物の佐波里製の匙があげられる。法隆寺献納宝物の中には、円形深形の佐波里製で鍍金したもので、長さは三十六㎝あり、匙の半球形の約半分が欠損しているものがある。

文献にみえる匙

『枕草子』二〇一段には「もののうしろ、障子などへだてて聞くに、御膳まゐるほどにや、箸・匙など、とりまぜて鳴りたる、をかし。」と記されている。また、『宇津保物語』「蔵開上」には「餅参り給フ御折敷見給へば、〈州浜〉に高き松の下に鶴二つ立てり。一つは箸、一つは匕くひたり。松の下に黄金の〈匕〉して御門の御手して書かせ給へり。」とあり、一の宮の出産のあと、五十日目のお祝いに用意された贈り物は州浜に高い松があり、その下に鶴を二羽立て、一方の鶴は箸を、他方の鶴は黄金の匕をくわえていたとあり、古代においては、匙と箸は一緒に使用されていたことがわかる。「大安寺資材帳」や「買物申請解」にも「匕（カヒ）」の記述がみられる。

37

食器

豊富な材質・種類の食器

笥・鋺・盤（佐良）

古代において、食事の際に使用する食器は笥・鋺・盤・坏・盞・高坏・柏・瓶・鉢などがあげられる。

笥とは『和名類聚抄』によると木器類で「ケ」とよみ、食を盛る器であると説明されている。笥は曲物製であったと考えられる。鋺は他に椀、埦などと記述されており、金篇は金属製、土篇は焼物製であったことをあらわしていると考えられる。鋺は「カナマリ」、椀を「マリ」、「モヒ」とよんでいたとされる。『日本書紀』神代下に「遂に玉鋺を以て、来りて当に水を汲まむとす」とあり、『同書』允恭紀元年条に「大中姫に捧げたる鋺《まり》の水、溢れて」とあり、鋺に水を入れていたことが記されている。その他に麦・飯・酒・蔗糖を入れていたことが史料にみえるが、主な用途は飯を盛っていたと考えられる。銀・銅・漆塗などの鋺は貴族の人々の用具か仏具であり、一般的には土師・須恵のものを用いていたと考えられる。盤は「サラ」とよみ、史料には「佐良」とも記述されている。現在の皿のような底の浅い器を盤とよんでいたと考えられる。用途はおそらく、現在と同じように食物を入れて使用したと考えられる。盤の材質には土・陶・木・銅・佐波里・瓷などの材質をあげることができる。

杯・高杯・柏

史料には坏・杯と記されており、坏と書くのは焼物製が多かったために土篇の方を用いたと考えられている。『和名類聚抄』には「サカヅキ」とよむと記されている。杯の用途としては、羹・塩・酒をいれたことが史料にみえ、『和名類聚抄』にみえるように杯を「サカヅキ」とよんでいたことから、酒を飲むことが多かったとみることができる。杯の材質としては、土・陶・瓷・笥・犀角・瑠璃・瑪瑙・玉・金銅・金銀などの材質がみられる。土は土師製、陶は須恵製で、両者とも出土例は多くみられる。杯の形状は片杯、枚杯・窪杯、曲杯、木葉形杯・花杯・長楕円形などがある。高杯は正倉院に「白琉璃高坏一口」が現存しており、淡黄色の透明なガラス製で、盤に裾広がりの空洞の高台がついている。高杯は盤状のものに高台をつけたものなので、高盤と称している史料もある。『万葉集』に小螺《しただみ》を高杯に盛った記述をみることができる。柏や保々柏はカシワとオオノキのことで、柏・保々柏に食物を盛って使用したと考えられる。『延喜式』大膳式上に「右依二前件一。其五位已上食弁盛レ筥。菓子雑肴盛以二干柏一。」と記され、柏の葉に肴や菓子をのせていたことがわかる。

38

焼き物

技術の発展とともに変化

縄文土器と弥生土器

日本列島に住みついた人びとが初めて作った土器が縄文土器である。縄文土器を手にすることによって、調理法をはじめとして、縄文人たちの食生活のバラエティはそれ以前とは比較にならないほど豊かになった。

縄文土器は、陶土を手でこねて土の紐を作り、それを輪にして積み上げる方法や紐を巻き上げる方法で形を作る。これを整形して五〇〇度くらいで焼き上げるのである。比較的、低温なので露天もしくは簡単な窯でも十分であったとされる。

黒灰色の縄文土器に対して、次の弥生時代に登場する弥生土器は赤褐色や黄褐色が多い。これは焼き上げる温度のちがいによるもので、弥生土器は八〇〇度から一〇〇〇度というように焼成温度が高い。そのため、縄文土器よりも強度にすぐれ、薄いものが作られた。しかし、作り方は縄文土器と基本的には同じで、陶土の譜藻を巻き上げたり、輪積にしたりして形を作った。この時代には、形を整えるための簡単な回転台の使用は認められるもののまだロクロは使われていなかったようである。

陶恵器と土師器

ロクロを使うようになるのは、次の古墳時代になってからである。五世紀ごろに朝鮮半島から新しい作り方の土器が伝わってくる。これが須恵器であり、灰色をした硬質の土器であり、ロクロを使用して作られた。史料的にも雄略天皇七年（四六三？）に、百済から新漢陶部《いまきあやのすえつくりべ》高貴を貢献したと伝える。

それに対して、弥生土器の系統をふく土器もみられる。土師器であり、ロクロを使わず、弥生土器のように手で形を作る手づくねである。土師器という名称は、雄略天皇十七年（四七三？）に土師連が朝廷の食を作るために、自分の部曲を献上したことによるとされる。食器などの器の他に、埴輪もこの系統の焼き物である。

須恵器と土師器を比較した場合、須恵器の方が技術的にすぐれている。したがって、一般には、祭祇などには須恵器が用いられて、土師器は日常の器に使用されたといわれている。しかし、須恵器が伝来したのちも土師器はなくならないことから、土師器の価値を主張する説もみられる。それは、土師器の場合、人が自ら手づくねによって形を作ることから、神への器としてはロクロで作った須恵器よりも土師器の方が用いられたのではなかろうかというものである。もしそうであるなら、通説と全く逆になる。

39

狩猟

軍事訓練と地方巡見

狩猟の対象

古代人が狩のさい、最も多く捕獲したのは、シカとイノシシであった。『風土記』のひとつである『出雲国風土記』をみると、食用にしたと思われる動物として、熊・狼・猪・鹿・兎・狐などの名があげられている。

狩の様子についても『出雲国風土記』の秋鹿郡大野郷の条には、イノシシを勢子《せこ》を使って追い立てる方法が記されている。

天皇と狩

狩には、猟犬も参加した。『播磨国風土記』の託賀《たか》郡の伊夜丘の条には、応神天皇が狩をおこなったことがみえ、このとき麻奈志漏《まなしろ》という犬がイノシシを岡の上に追いこんだ。天皇は射手に矢をはなさせたが、犬はイノシシと闘って死んでしまったと記されている。

射手についても、同じく『播磨国風土記』の飾磨郡の英馬野《あがまの》の条にもみえる。応神天皇が狩をおこなったとき、天皇の馬が走り逃げたという内容で、狩自体に関しては特に記されていないが、射手を配置したことが記されている。

このように、狩に関しては、勢子や射手、そして猟犬も動員され、人々は馬に乗って獲物を追ったであろうことが推測される。『播磨国風土記』から、天皇による狩猟を二例ばかり紹介した。これらは、いずれも伝承であるが、実際のところ、天皇はしばしば狩をおこなった。その理由は狩によって兵を訓練するという目的があげられる。いわば軍事訓練の一環が狩ということになる。また、狩にことよせて地方を巡見するという意味も考えられる。

これらの他に、天皇の狩には、国見（国占・国ぼめ）という側面もあったと思われる。国見とは、天皇や神が、各地を巡行して、小高いところに立って、その地をほめることであり、ほめられた土地は天皇の支配地になってしまうという古代の呪術のひとつである。つまり、精神的に土地の領有を確保する手段が国見であり、天皇にとっては、欠かすことのできない礼儀のひとつといえるのである。

したがって、天皇にとって国土の支配を強調するためには、国見という行為が必要不可欠であったのである。

40

漁労

イルカも食べた縄文人

漁労の変遷

日本で確実に漁労活動の痕跡がみられるのは、縄文時代に入ってからである。また、漁労には、外洋に出ておこなうものと河川や湖沼で漁をおこなう内水面漁業があり、後者の方が先に発達したと考えられている。漁獲は、手づかみ・道具で突く・釣り上げるといった方法をとっていたとされている。そのさいに、用いられる漁労具が、発掘調査によって数多く確認されている。おもな漁労具には、銛やヤス、釣り針、石錘などがある。錘は、網具である。銛やヤスの材質には、地域や文化などで異なるが、鹿の角を用いたものが多い。また、出土した釣り針の中には、疑似針と考えられる、黒や赤の色彩が施されたものもある。

そのほかにも、福島県大畑貝塚の貝層から大型のアワビの殻が確認されており、縄文時代には、潜水によって漁をおこなっていた人々もいたことがわかってきている。

弥生時代には、管状の土錘やタコ漁に使われる壺などの漁労具が、新しく加わる。そして、古墳時代になると、釣り針などの道具の鉄器化や土器による製塩も活発的におこなわれると同時に、漁労集団の本格的な専業化がみられるようになる。

さらに、奈良・平安時代の遺跡からも、土錘の大量出土などが確認されており、古代でも漁労が活発におこなわれていたようである。

イルカをたべる縄文人たち

石川県の真脇遺跡は、能登半島の中央部の入り江付近という立地にあり、縄文時代前期から晩期まで営まれていた海辺の集落である。また、この遺跡は、同県のチカモリ遺跡でも確認されている巨大な木柱列が確認されたことでも有名である。

遺跡の大きな特徴の一つとしては、縄文時代前期末から中期初頭の層から、大量のイルカの骨が出土していることがあげられる。出土したイルカの骨は、最低二八五頭分とされている。また、出土した骨には解体痕があり、出土付近が解体・廃棄場所であることもわかってきている。さらに、この遺跡では、イルカは食用のほかに油を取るといった利用にも用いられている。イルカから抽出した油は、土器に付着して残存する脂肪酸などを分析した結果、縄文土器に貯蔵していたことがわかってきている。また、そのほかにも、骨の利用がおこなわれていたらしく、この遺跡から、実際にイルカの下顎腹縁部から作ったヘラ状骨器が出土している。しかし、イルカの歯に関しては、加工されたものがなく、全ての骨を利用していたわけではないようである。

41

言葉

五〇種以上あった古代の仮名

古代における言葉の使われ方

日本人の用いてきた言葉について体系的な姿で知りうるのは、記・紀が成立する奈良時代（八世紀）以降のことである。当時の文献は全て漢文で書かれており、正格の漢文または和化漢文が使用されていたが、表音的な万葉仮名が併用されており、それらによって音韻・文法などの体系を知ることができる。

それらは主に国文学の分野で研究がなされてきたものであるが、同じ古代でも奈良時代と平安時代とでは、言葉に違いがあったことが知られており、これを特に「上代特殊仮名遣い」と呼んでいる。これは上代の万葉仮名文献に存する、後世のいろは四十七字では書き分けられない、仮名の使い分けをいう。いろはがなのうち、エ、キヒミ、ケヘメ、コソトノヨロの十三種（古事記ではモも）およびその濁音、ギビゲベゴゾドにあたる万葉仮名は、それぞれ二類の使い分けがある。

例えば、同じヒでも「日」は比、「火」は非、同じコでも「子」は古、「此」は許などと書かれて混同されない。前者の類を甲類、後者を乙類と称して区別しているのである。この甲類・

乙類のちがいは、平安時代には失われた上代の音韻の区別を反映しているものと考えられている。

方言

奈良・平安時代の史料からは、「下種のことばには必ず文字余りたり」（『枕草子』）「此当国方言、毛人方言、飛騨方言、東国方言」（『東大寺諷誦文稿』）など、都の貴族および僧侶らの言葉と庶民階層の言葉や方言とは異なったものであったことが分かる。

日本語の方言には大きく二つの系統がある。すなわち内地方言と琉球方言である。内地方言についてはさらに東部方言・西部方言・九州方言があり、琉球方言については奄美大島方言・沖縄方言・先島方言などに分類されている。

奈良時代における方言の具体的な例としては、『万葉集』の東歌や防人歌を通して知ることができる。「父母が頭《かしら》かきなで幸《さ》くあれて言ひし言葉《けとば》ぜ忘れかねつる」（万葉集四三四六）これは駿河国出身の防人の歌である。「幸《さ》くあれて」は「幸《さき》くあれと」、「言葉《けとば》ぜ」は「言葉《ことば》ぞ」が転じた形となり、ここでは中央語のオ段の音がエ段の音となる例が見られる。

また、『万葉集』以外にも『風土記』などにその土地の名が記されている記事を見ることができる。例えば、まつろわぬ民をさす「国巣《くず》」を常陸では「つちくも」「やつかはき」と呼び、「岸《きし》」を肥前では「ひぢは」と呼んでいたことが知られる。

42

文字

万葉仮名〝ひらがな〟〝カタカナ〟へ

漢字の伝来

古代の日本の文字の使用は、漢字の伝来を待つことになる。漢字が学問的に日本に伝来したのは百済の王仁が応神朝に『千字文』や『論語』をもたらして伝わったとされ、それまでの日本には文字を表記するものが体系的には整っていなかったとされる。漢字の伝来によって、まず漢文での表記によって日本語を表すことが始まる。

しかし漢文だけでは意味は表せても、表しきれない日本語の表現もあり、特に歌の表記において歌われたそのままを表すには漢文では不十分であった。そこで「万葉仮名」が使われるようになった。万葉仮名は漢字によって日本語を表したものであり、基本的には漢字の音を借りて日本語を表したものであり、日本現存最古の歌集である『万葉集』にその使用例が多く見られることから、万葉仮名と呼ばれている。実際に万葉仮名を使って歌を表した例を見ていくと、防人の歌として知られる「唐衣《からころむ》、裾に取り付き、泣く子らを、置きてぞ来ぬや、母《おも》なしにして」は万葉仮名では、「可良己呂武　須宗尓等里都伎　奈苦古良乎　意伎弖曽伎怒也　意母奈之尓志弖」となる。

中国から輸入した「漢字」を、日本語の音にあわせて使っていったのである。またこれ以外にも、助詞や助動詞を小書きにして「ふりがな」のようにして書く「宣命体《せんみょうたい》」という表記も使われていた。平安時代に入ると、真名と呼ばれる漢字に対して漢字をくずして作られた「かな文字」が使用されていくようになり、現代へとつながるひらがな・カタカナが生まれていくこととなり、より表現の幅が広がった。平安時代においては真名は男性が用いるもの、仮名は女性が用いるものというような一般認識があったため、かな文字を使った女流文学も反映し、今に知られているような紫式部の『源氏物語』や、清少納言の『枕草子』も書かれた。また、女手といわれたかな文字をあえて男が書いた紀貫之の『土佐日記』といったような作品が書かれるようになったのも、表現が広がった結果である。

古代の識字率

古代における識字率はけして高かったわけではないが、中央の官人は職務上当然文字の読み書きは必修であった。また戸籍の作成や班田収授の運営、木簡などの表記から地方官人や一部の庶民においても文字の認識はあったと考えられる。官民あわせて約四〜七%程度の識字率はあったのではないかという研究もある。

外国語

公的な外国語は漢語だった

対外交渉時の言語

遣隋使や遣唐使・新羅使など、古代の日本の主な外交相手は中国や朝鮮半島の諸国であった。当時の東アジア情勢を考えると、共通語といえば当然中国語以外にはなかったであろう。特に日本は中国との外交を主軸に据えていたので、交渉の中心は漢語ということになる。『続日本紀』天平二年（七三〇年）の太政官による上奏文には、「諸蕃は地域を異にし、風俗も同じではない。もし通訳がいなければ事を通じるのが難しいであろう。そこで、五人に命じてそれぞれ弟子を二人とり、漢語を習わせたい」としている。もし漢語に通じ、意思を相手に伝えられたり、双方の意思疎通ができたりする通訳がいれば、風俗の異なる諸蕃異域とは事を通じるのが可能であろうということである。つまり、そこから読み取れるのは、日本では上述の諸蕃異域との間の往来が基本的に漢語によって行われていたということである。そうすると、この「諸蕃」とは何を指していたのであろうか。

七世紀末から八世紀初頭の、日本では唐にならった律令制度の整備とともに、日本の「華夷秩序」も確立されはじめた。大宝令の注釈書である『令集解』には「隣国は大唐。蕃国は新羅なり」と記している。それによると「諸蕃」とは単に新羅を指しているが、実際は渤海も新羅と同様に従属国と見なされていた。

それでは、当の中国は日本以外の国と交渉を行うときにどうしていたのかというと、唐代の訳語・通事の用例は、ほとんどが西域の諸蕃国を相手にするときに挙げられている。唐代には中央から地方にかけて、胡人が通訳を担当する例が多かったようである。日本や朝鮮半島・渤海に対しては、基本的にはやはり漢語を用いていたのであろう。

その他の言語

公的な交渉には漢語が使われていたであろうが、当然全ての人々が漢語を使いこなせられるわけではない。それは日本であっても、朝鮮であっても同様のことであったであろう。実際に、平安期には最澄や円仁など多くの学僧が中国を訪れているが、そのほとんどが中国語の会話には苦しんでいたようである。

また、遣唐使が派遣される際には新羅訳語・奄美訳語が随行することになっていた。これは、航海の途中の寄港地や漂着地の言葉を話せる人間が必要であったからである。遣唐使船は出発の時から、寄港したり漂着したりする可能性の高い国や地域の言葉に長じた者を用意しており、現地人との交渉は現地語を用いていたことがうかがえる。

44

通訳

身分はそれほど高くなかった

古代の通訳

外交交渉などの外国人との話し合いの際、現代でも通訳を介してお互いの意思疎通をはかることになるが、古代においては訳語と呼ばれるものたちがその役目を担っていた。訳語は「をさ」と読み、語源は古代朝鮮語にあるという指摘されている。

古墳時代後期以降、朝鮮諸国との外交交渉が増加するとともに、大和王権には通訳を職務として世襲する渡来系の氏が発生し、『日本書紀』雄略天皇七年是歳条には今来才伎《いまきのてひと》として訳語卯安那《みょうあんな》の名がみえ、のちにヲサが姓の一つとなった。しかし、時代とともに言語は変わるので、世襲の通訳は次第に役を全うできなくなり、遣隋使・遣唐使の時代になると、前回に学生などとして留学した経験者が副使などに選ばれたほか、会話に通じたものが通事・訳語として随行するようになった。

小野妹子に随行した鞍作福利は後者の例、犬上御田鍬とともに使した恵日は前者の例である。また新たに国交を求めてきた渤海には学生を留学させて音声を学ばせもした。

通訳が活動するのは、他国人との交渉時であるが、なにもそれは中国の人々だけが相手であったとは限らない。『延喜式』では遣唐使に、四等官に次ぐ待遇の唐訳語のほか新羅訳語・奄美訳語などを添え、遣渤海使や遣新羅使にもそれぞれ訳語や大通事・少通事を随行させている。奄美諸島については、『日本書紀』から、七世紀頃には交流があったことがわかるが、現在では同じ日本国内である奄美諸島の人々との会話にも、通訳が必要であったのである。

通訳の地位・身分

六国史を初めとする諸史書には、訳語・通事といった語だけではなく、その役職に就いた者の名前も、しばしば見受けられる。八二一年に成立した『内裏式』では、外国使節対応の通訳は五位か六位とされている。

通訳として任命時の官位が分かるものは何名かいるが、それぞれ大初位下や従七位上、正六位上などであった。この大初位下というのは、三〇階ある官位のうち二八番目である。彼らが通訳に任命された時の官位からすると、中級以下の官吏であったことがわかる。また、通訳に任命された者たちの多くは、地方官僚の中でも下位の者であった。

五位以上でなければ殿上に上がることが許されないなど、当時の官位制では五位と六位とには大きな格差があった。建前上は五位への道もあったが、実際に五位へ取り立てられることは極めて難しいというのが、古代における通訳の地位・身分であったのであろう。

45

名前

動物の名前を持つ意味は

名前の特徴

奈良時代以前の名前には、動物の名が入っていることが多かった。蘇我氏歴代の名を見ても「馬子」(ウマ)・「蝦夷」(エビ)・「入鹿」(イルカ)と並ぶ。記・紀などには他に猿・烏・熊・鳥・雁・鮪・牛・兎・鹿・龍・鯖など多種多様である。これら動物名は、ほとんどが野生の動物であった。野生の動物がもっている強い生命力への憧憬、あるいは動物の強い精気への願望などが、動物名命名の根底にあったのであろう。アニミズムや呪術性が背景にあったと思われる。

性差によっても名前に特徴はあった。現代では、「〜コ」型の名は女性に使われることが多いが、奈良時代以前は男性名に使われていた。蘇我馬子、小野妹子などが有名である。それでは、女性はというと、椋橋刀自売《くらはしのとじめ》・大伴部真足女《おおともべのまたりめ》など「〜メ」型になる。これらに美称である「ヒ」が付くと「〜ヒコ」・「〜ヒメ」となる。また、「〜イラツコ」や「〜イラツメ」も「〜コ」型と「〜メ」型の発展形であると考えられている。

また、古代の名前に多いのが、坂上田村麻呂などの「〜マロ」である。飯沼賢司氏によると、この型の名前は九世紀前半までは地域を問わず、あらゆる階層に見られたと指摘している。九世紀後半以降になると、「〜マロ」型の名は減少していく。かわって公家たちの一人称が、「マロ」となっていく。

諱《いみな》の風習

諱とは〝忌み名〟で、他人に知られるのを忌む名の意味である。『日本国語大辞典』によると、「本名。死者の生前の名で、その死後人々がいう。」とある。

『万葉集』冒頭に、雄略天皇が路傍で出会った乙女に対して「あなたの家はどこか、名を聞きたい」と問いかける歌がある。ここで尋ねられた乙女が実名を言えば、雄略天皇の愛を受け入れたこととなる。実名には、神秘的な呪力あるいは霊的な力があると、古くから信じられてきた。他人に実名を知られると呪詛されたり、他人から実名で呼ばれるとその名がもつ呪力や霊性が失われてしまったりすると考えられていた。

女性の場合は、他人に実名を知られるということは征服されたのと同じで、いわば貞操を失うことに通じていた。そのため、女性は実名を名乗らなかったのである。例えば「清少納言」だが、これは女房名といって、女房が出仕の際に名乗る名であり、彼女の本名は不明なのである。もし、雄略天皇に対して乙女が実名を名乗ったとすれば、それは天皇の愛情を乙女が受け入れたということになるのである。

46

木簡

歴史を物語る木片

木簡の用途

木片に文字を記したものが木簡である。木片の大きさは必要に応じてさまざまであるが、長さが二〇〜三〇センチくらいのものが多い。したがって、そこに記された文字もおのずから限定されており、情報量としてはさほど多いとはいえない。しかし、木簡は、そのほとんどが古代社会の中で実際に何らかの用途に用いられたものであり、内容の信用度がきわめて高いということがいえる。木簡は、①付札木簡、②文書木簡、③その他、の三つに大別される。①は、物品につけられるものであり、調や庸といった税などに付帯している。送り主・住所・物品名や量が記されていることが多い。②は、役所同士の文書や物品の授与にさいしての控えなどがそれにあたる。③は、『論語』や『千字文』といった中国の古典の一部を写したものや習書・落書などさまざまなものがある。

木簡が出土する場所としては、藤原宮跡や平城宮跡といった都城遺跡が最も多い。他には寺院遺跡や地方官衙遺跡などがあげられる。また長屋王邸跡といった貴族・官人の邸宅跡からも出土しており、さらに、一般集落跡と思われるところからもみつかる場合がある。

資料としての木簡

情報量としてはさほど豊富とはいえない木簡であるが、それにもかかわらず古代史の解明という点で大きなインパクトを与えることがしばしばある。その一例として、郡評論争の決着があげられる。

郡評論争とは、六四五年の乙巳の変の翌年に出されたとされる大化改新の詔の中にみえる「郡」をめぐっての論争である。この時代の金石文などには、もっぱら「評」という文字がみられるのであるが、この改新の詔によるならば、「評」ではなく、「郡」が存在していたことになる。

したがって、当時の地方行政区画は、「郡」だったのか「評」だったのかという論争であるわけであるが、単にそれのみにとどまらず、改新の詔の信頼性をめぐる問題にまで及ぶ古代史上の重要論争となった。そして、それは、乙巳の変に始まる大化改新があったのかなかったのかという点にまで問題が及ぶものであった。

この郡評論争は、藤原宮跡から出た木簡が「評」の文字であったことから、七世紀末までは、「評」が行政区画名であったことが明らかになった。郡は、大宝令以降ということが結論づけられたのである。

ことわざ

神話にみる教訓・警句

雉《きじ》の頓使《ひたつかい》

ことわざは、時に教訓的であり、警句的である。そこには先人たちの知恵がもり込まれていて、思わず納得してしまうものが多い。古代にも、こうしたことわざがあり、『古事記』や『日本書紀』の中にも確認することができる。

たとえば、『古事記』の国譲り神話である。国譲りのための交渉の二番目の使者としてアメノワカヒコが高天原から地上へと遣わされたが、八年もの間、復命しなかった。そこで高天原では、雉に様子をみさせたところ、アメノワカヒコはオオクニヌシの娘であるシタテルヒメと結ばれ、自ら地上の王になろうとしていた。雉が問いただすとアメノワカヒコは高天原を出発する時に授けられた弓矢でこの雉を射殺してしまう。このため雉は、ついに高天原へもどることができなかった。ここから、行ったきりの使いを「雉の頓使」というと『古事記』には記されている。

また、この国譲りの神話には、もうひとつことわざが含まれている。それは、雉を射殺した矢が高天原まで届いてしまうのであるが、この矢をみたタカミムスヒが血がついているのをいぶかしく思い、「もしアメノワカヒコに邪心があるならば、この矢にあたれ」といって、矢を地上につき返したところ、アメノワカヒコはその矢を胸に受けて死んでしまった。このことから、こちらから射た矢は、相手に射返されることがあるので注意が必要だという意味で「反《かえ》し矢畏《おそ》るべし」ということわざがあるとしている。

堅石も酔人を避く

『古事記』からもうひとつ、酒にかかわることわざを紹介したいと思う。それは、応神朝のことである。百済からススコリという酒造りの名人が貢上されてきた。ススコリはニホともいい、秦造や漢直の祖とされる人物で、漢字をもたらしたといわれるワニキシや鍛冶のタクソ、機織のサイソらと共に渡来してきたことになっている。

そのススコリが作った自慢の酒が応神天皇に献上された。酒を飲んで酔った天皇は、すっかり上機嫌になって、ススコリをほめる歌をよんで、さらに外におでかけになった。そして、道にあった大石を杖でたたいたところ、その石が逃げ去ったというのである。そこからできたことわざが「堅石も酔人を避く」である。さしずめ、大きな石でさえも酔っぱらいには何をいってもらちがあかないので自分から逃げ出したということになろうか。現代的にいうと泣く子と地頭には勝てぬとでもいうところかもしれない。

石碑

石からわかる古代の東国

上野《こうずけ》三碑

古代の石碑は何例かその存在が知られているが、特に上野の国に、まとまって見られる「山之上碑」「多胡碑」「金井沢碑」の三つの石碑は「上野三碑」と呼ばれている。

その三碑は、「山之上碑」は山之上古墳に付随して存在するもので、墓誌としての性格を持つ。碑文に「辛巳歳集月（十月）」に放光寺の僧である長利が母のために記したとあり。ここでの「辛巳歳」とは天武天皇十年（六八一）であったとされている。

「多胡碑」は弁官局からの命令を書き記したものであり、「和銅四年（七一一）三月九日甲寅」に多胡郡を設置したことを表す記念碑的な性格のものであるとされている。

「金井沢碑」は上野國群馬郡下賛郷高田里に住む、三家子口らが先祖供養のための請願として、「神亀三年（七二六）二月二十九日」に石碑を建てたとされている。

これらの三つの碑は内容的に直接かかわりがあるものではないが、七世紀後半から八世紀前半にかけての日本における数少ない古代の石碑の現存例が隣接地域に固まっていることなどもあり、その資料的な価値は高い。現存する石碑は関東以北に見られるものが多く、当時は中央から離れていた「東国」という地域の古代の様子をうかがうことができる。

その他の古代の石碑

「那須国造碑」は永昌元年（六八九）、那須国造で評督に任ぜられた那須直葦提の事績を息子の意志麻呂らが顕彰するために、七〇〇年に建立されたもので、現在は国宝に指定されている。「多賀城碑」天平宝字六年（七六二）十二月一日に、多賀城の修築記念に建立されたと考えられている。内容は、都（平城京）、常陸国、下野国、靺鞨国、蝦夷国から多賀城までの行程を記す前段部分と、多賀城が大野東人によって神亀元年（七二四）に設置され、恵美朝狩（朝獦）によって修築されたと記す後段部分に大きく分かれる。

これら二つの碑と「多胡碑」はその文字が日本書道史上、極めて価値のあるものとされ、まとめて「日本三古碑」と呼ばれることもある。これは作られた当時の貴人、高僧などの高い教養をもった人物によって書かれた文字が刻まれていることに加えて、古代の石碑であるにも関わらず、風化、破損が少なく保存状態がいいこと、文章自体もある程度の長さがあることなどを兼ね備えていることによる。

特に多胡碑の文字の評価は日本国内にとどまらず、中国清代の楷書の辞典に手本として多胡碑の碑文の文字が採用されている。

都城

中国をモデルにした古代の都

都城とは

本来、都城とは、城壁によって周囲をかこまれた都市のことであり、中国の都市などがこれにあたる。したがって、日本の古代の都を都城とよぶことには問題がある。

しかし、天皇（大王）や役人・庶民たちの居住を目的として造られ、左右対称などをはじめとする都市計画に基づいて形成された都を一般に都城とよんでいる。

古代の日本において、都城制をもった初めての都は、持統天皇の藤原京である。それまでは、天皇の代がわりごとに都が遷るのが原則であった。

藤原京は、天武天皇のときにその造営が決められていたが、持統天皇によって具体的に造営が始められ六九四年に遷都された。中国の影響を多く受けているといわれる。具体的には、『周礼』考工記があげられ、モデルとしては、北魏の洛陽城・東魏の鄴都南城や東晋以後の建康城などが考えられている。

藤原京は、通説では東西約二・一km、南北約三・一kmの京域をもち、中央北寄りに藤原宮を置いていたとされるが、最近、この京域の外側からも街路の延長にあたると考えられる遺構がでている。そのために、大藤原京説といわれる広大な復元案が出されていて、実体の解明が注目される。

平城京への遷都

藤原京は、わずか一六年後に平城京へ遷都される。その理由はまだ明らかではないが、宮がほぼ中央にあり、衛生面で問題があったともいわれている。

平城京は東西約四・三㎞、南北約四・八㎞の京域をもち、北に北辺、東には外京とよばれるはり出し部分をもっていた。しかし、羅城の有無については、議論が分かれている。平城京において日本の都城は完成したといわれている。

京域の中央北部には、天皇の居住空間である内裏や大極殿をはじめとした官衙施設からなる平城宮が置かれ、その南辺中央には朱雀門が造られ、朱雀大路が南へ伸び羅城門にいたっている。朱雀大路の東が左京、西が右京であり、各々は条・坊によって碁盤の目のような街区を形成していた。

左京・右京には、貴族の邸宅や市・寺院・庶民の住居などが形成され、推定人口は一〇万人くらいであったとされる。その後、都は七八四年に長岡京、七九四年に平安京へと遷都されることになる。

50

貴族の家

身分によって敷地の広さは違った

平城京の貴族の邸宅

平城京においては、貴族の邸宅は平城宮の近くにあることが多く、長屋王の邸宅は四町分の広さがあり、藤原仲麻呂の邸宅の左京四条二坊は、八町分の広さがあり、貴族の邸宅は、一町以上の広さがあったと考えられる。聖武天皇の妃橘那加智が法隆寺に施入して仏堂として改造された伝法堂は、もとは檜皮葺の建物で、床敷で大きな露台をもっていたとされる。また、紫香楽にあった藤原豊成邸の建物が石山寺に移築された際の文書で、復原される建物は板葺きの掘立柱建物で、床敷であったとされる。

しかし、貴族の邸宅といえども、礎石を用いた建物は少なく、屋根も檜皮葺か板葺きのものが圧倒的に多く、瓦葺きの建物はほとんどなかったと考えられる。また、敷地内には、主人の住む建物以外に家政機関や倉庫など多くの建物が存在し、なかには苑池をそなえるものも存在したとされる。長屋王の邸宅では、犬、馬、鶴が飼育されていたことがわかっており、鶴のえさとして白米が運びこまれていたことを記す木簡もみつかっている。

平安京の貴族の邸宅

平安京では身分に応じて、宅地の広さに規定があり、三位以上は一町家（約四四〇〇坪）、四位以下は二分の一町、四分の一町、六分の一町と決められていた。平安京においては、摂関期から院政期にかけて左京が繁栄し、特に左京四条以北に有力貴族の邸宅が集中していた。慶滋保胤は、平安京の地価が高かったので、左京四条以北の一郭にある家に家族で間借りして生活していたが、六条あたりに四分の一町ほどの土地を購入して、周囲に垣をめぐらし、小さな築山と池を造り、邸宅を整えたことが『池亭記』に記されている。貴族たちは、寝殿造とよばれる建物に生活しており、一町の土地の中央に正殿である寝殿があり、この東と西と北に対屋が造られ、南に池があり、池を望むように釣殿や泉殿が設けられていた。これらの建物は渡殿（廊下）で結ばれ、左右対称の配置となっていた。建物の屋根は檜皮葺で、外形は白木の丸柱を使用し、優美な建物であった。寝殿は四阿造で、殿内は総板敷で、主人の居間・客間として使用された。藤原道長の土御門殿では、常時、使用人が百人を越えるほどいたとされ、貴族の生活や邸内の維持費に莫大な費用がかかっていたと考えられる。これほどの邸宅を維持することは難しいと考えられるので、大半の貴族は寝殿と二、三の雑舎と池、庭を備えた邸宅に住んでいたと考えられる。藤原為光の邸宅の一条殿は三女に譲られたが、三女が維持できなくなると佐伯公行に売却され、その後、道長の姉東三条院（一条天皇の生母）に寄進されている。

51

高層建築

一番高い建物は、四五メートル以上

雲太・和二・京三

古代で最も高さのある建物といえば、まず寺院の塔が思い浮かぶ。六世紀の中ごろに伝わったとされる仏教信仰においては、当初、塔が最重要施設であった。それは、塔が釈迦の骨、すなわち仏舎利を安置する施設ととらえられていたからに他ならない。わが国で一番古い伽藍をもった寺院は飛鳥寺であるが、その構造は、「一塔三金堂形式」といわれるものである。ひとつの塔を囲むように三つの金堂が配置されている形であり、党が金堂によって守られているのである。塔の重要性が目にみえる形で現されている伽藍配置といえよう。

そうした塔を除くと、何が高層建築としてあげられるであろうか。この疑問に応えてくれるものに『口遊《くちずさみ》』がある。『口遊』は源為憲が天禄元年（九七〇）に貴族たちの教養書としてまとめたものである。全体を十九の部門に分類してそれぞれについて暗記しやすいように解説してある。その中に、当時の高層建築の覚え方として、「雲太《うんた》・和二《わに》・京三《きょうさん》」とある。これは一番背の高い建物が出雲国の出雲大社、二番が大和国の東大寺大仏殿、三番が平安京の大極殿ということである。

出雲大社の高さはどれくらい

出雲大社の本殿は、現在、八丈（約二四メートル）とされる。江戸時代後期の造営であり、古代にはその倍の一六丈（約四八メートル）あったとされる。その一つの証拠としていわれていたのが、『口遊』の時代の大仏殿の高さである。大仏殿は、過去に治承四年（一一八〇）の平家の焼き討ち、永禄一〇年（一五六七）の松永久秀と三好氏の戦いによって二度焼失している。治承四年のときには、大仏の首が熱によって焼け落ちたとされる。

したがって、『口遊』の時代には、創建時の大仏殿であり、その高さは一五丈（約四五メートル）であった。出雲大社はそれよりも高いというのであるから、一六丈の高さがあっても不思議ではないというわけである。しかし、一六丈というのはあまりにも高いというのが一般的な考えであった。

しかし二〇〇〇年にこうした通説を覆す発見があった。現在の出雲大社本殿の前方から一二〇〇年ごろに伐採された柱の一部分が出土したのである。それは直径一・三メートルあまりの杉を三本ひとまとめにして一本の柱にしているもので、直径は三メートルに達する。くしくも三本の柱をまとめて一本にするという方法が、出雲大社の宮司家である千家家に伝わる「金輪御造営差図」と同じであった。年代的に古代にまではわずかにとどかなかったものの、この巨木柱の発見は、古代において出雲大社が高層性であった可能性を高めるのに十分なものといえよう。

集落

集落を構成するさまざまな要素

遺跡からわかる古代の生活

一般的に集落遺跡というと、複数の住居跡とそれに関連するさまざまな遺構から成るものと考えられている。実際に発掘調査によって、さまざまな種類の遺構が確認されている。検出される遺構は、いくつかの種類に大分することができる。まず、一般的によく知られる竪穴建物や掘立柱建物などの居住に関する遺構。二つ目は、土器や石器・鉄・塩・玉・石製品・水田などの生産に関する遺構であり、三つ目は、土坑墓や周溝墓・古墳・横穴墓など、人々の死に関係する遺構である。そのほかにも、広場や井戸、祭祀・儀礼に関連する遺構や環濠集落にみられる周囲をめぐる溝跡なども、集落を構成する一つの要素と考えられている。また、集落の様相については、時代や地域によって異なることが、発掘調査によって明らかにされている。

弥生集落の一形態

環濠集落は、代表的な弥生集落の一形態としてよく知られ、佐賀県の吉野ケ里遺跡もその一つとされている。この遺跡は、弥生時代の前期から古墳時代初頭にかけて営まれており、ムラからクニの中心集落への発展経過や集落構造を理解していくのに有益な情報を提供してくれる遺跡である。弥生時代中期の甕棺墓からは、墓の形成されている位置や副葬品の違いなどによって集落内での階層分化をみることができる。

弥生時代後期には、前期・中期の集落区域をも含んだ広範囲の外環濠が形成される。この外環濠の西外側には掘立柱建物群が検出されており、これらは集落内の物資を集めた倉庫群であったと考えられている。さらに、外環濠の内部にもう一つ、内環濠によって区画されている場所が二カ所あり、それらを北内郭と南内郭とよんでいる。内環濠の突出部には、物見櫓が設けられていることが確認されており、北南の内郭を重要視していたことが読み取れる。そして、北内郭には祭祀の場や最高祭祀者の居住域を想定し、南内郭には首長を含む高階層の人々の居住区があったと考えられている。そのほかにも、青銅器の鋳型などの生産に関連する遺物が多数出土していることから、集落内における手工業生産の存在も推測されている。

さらに、吉野ヶ里遺跡からは、西日本各地の土器や北陸地方のヒスイ製勾玉だけでなく、中国製の鏡や蝶番、朝鮮系無文土器なども数多く出土していることから、列島内外に人やモノ、情報の交流ルートを吉野ヶ里遺跡がもっていたことも指摘されている。

53

庶民の家

地方では八世紀まで竪穴住居だった

奈良時代までの庶民の家

古代の庶民（農民）の住居は、竪穴住居がほとんどであったと考えられる。竪穴住居とは竪穴を掘り、柱を立てたあとで、屋根をかけるもので、その建築技術は縄文時代と基本的に変わっていない。六世紀までは各地で竪穴住居がみられたが、七世紀以降、近畿・中国・東海地方においては竪穴住居が少なくなる傾向がある。先進的な地域では、掘立柱建物を住居などとして使用していた可能性がある。七世紀以降の東国の集落では、竪穴住居が五〜六棟ほどまとまって分布し、この五〜六棟ほどのまとまりがさらに集まって、集落が形成されているとされる。集落には広場のような空間があり、集落全体で作業場として使われていたと考えられている。古墳時代には、集落の中に掘立柱建物が多くみられるようになり、村の有力者が掘立柱建物を建てられるようになったと考えられている。

平城京の時代、都に住む庶民の宅地は、主に平城宮から離れた地域にみられ、宅地の広さは十六分の一町から六十四分の一町があり、宅地内には一棟から五棟の板屋があったと史料にみられる。発掘調査によると奈良時代初めに八分の一町ほど、中頃には十六分の一町程度、後半には三十二分の一町程のものが確認されている。平城京右京八条一坊十三・十四坪の遺構をみると、奈良時代前半頃には広い範囲が敷地として使用され、そこには金属や漆に関係する大規模な工房施設があったとされる。奈良時代後半になると敷地が細分化されているという。敷地内には二棟から三棟の建物があり、その中には床束を持ち、板敷であった建物も確認されている。

平安京の庶民の家

庶民の家屋は一戸主、三十二分の一町で約一三六坪ほどだったとされているが、それよりも小さい住宅地も存在した。慶滋保胤の書いた『池亭記』によると「少さき屋《いへ》は壁を隔てを簷《のき》を接《つら》ぬ。東隣に火災有れば、西隣餘炎を免れず。南宅に盗賊有れば、北宅流矢を避り難たし。」とあり、庶民の住む家屋は火災が起きれば類焼するし、隣の家に盗賊が入ると流れ矢が飛んでくるほど狭い家々であると記している。また、『今昔物語集』第二十六第四には「狭き小屋なれば、己が臥す所より外に臥すべき所も無かりければ」とあり、その家の住人しか寝る場所がないような狭い家だと書かれている。このように平安京には広い貴族の邸宅と並んで、庶民は小さい小屋に住み、平安京の狭い地域にひしめき合って生活していたことがわかる。

54

トイレ

個室はなく、おまるだった

初期のトイレ

古代にトイレはあったのであろうか。排泄行為は現在も過去も変わらない、するとトイレに相当するものはあったのであろうか。

古代の一般的な庶民の住宅である竪穴住居の空間内は現代のテントに相当するような空間であるため、そこにトイレを設置してしまうと匂いなどが空間内に充満してしまうことになる。そのため排泄行為は家の外で行っていたと考えることが出来る。糞の化石である糞石の出土状況などから縄文および弥生時代の初期のトイレを考えると、集落のゴミ捨て場の近くの谷のようなところを共同のトイレにしたり、湖に突き出すように作られた桟橋から湖に向かって排泄する自然の水洗トイレのような形などが見られる。いずれにしても、建物としてのトイレというものが作られていたわけではないが、ある程度は排泄の場所としてのトイレというものが考えられていたようである。

トイレを表す言葉として、厠《かわや》があるが、これは元々川屋もしくは河屋を指していたとも言われており、小川にまたがる形で用を足し、川を使って排泄物を流していたと考えられてもいるのである。

都市でのトイレ

古代の都ではどうしていたのであろうか。藤原京などの遺構からトイレの跡と思われる遺構が発見されており、役人達のトイレは設けられていたようである。この頃のトイレは、穴を掘ってそこに排泄し溜まったらくみ出す形式や、溝を引いて水を流した人工的な小川のようなものを作りそこに排泄する水洗形式などが見られた。またトイレットペーパーの代わりとして籌木《ちゅうぎ》と呼ばれる、細長い木製の板を使用していたと考えられている。当時は紙は貴重品であったため板でこそげるようにして使用していた。

貴族の邸宅は寝殿造と呼ばれる建築様式で作られていくが、この寝殿造の建築では固定式のトイレは設置されていなかったと考えられている。貴族は樋殿と呼ばれる場所を設け、そこに清器《しのはこ》もしくは虎子《おほつぼ》などと呼ばれる移動のできる桶のようなものを使って排泄を済ませていた。現代で言えばおまるといったところであろうか。排泄したものは従者が庭へとつながる水路に廃棄していた。

一方庶民は道端（辻）に普通に排泄していたと考えられている、この時籌木や高下駄といったものを用いて排泄したものが体につかないような工夫はしていたようである。各家庭で常設式のトイレというものが室内に設けられるようになるのは、江戸時代以降ということになる。

台所

炉から竈へ

竈・甑

竈は屋内に設けられた煮炊きする設備で、『和名類聚抄』に「加萬（カマ）」、『万葉集』八九二に「可麻度」とあり、「かま」もしくは「かまど」と読んでいた。屋内の火所として、古くから炉と竈の二つがあり、考古学的には縄文・弥生時代の竪穴住居址には炉がみられるが竈はなく、古墳時代になって、壁に作りつけた竈、あるいは移動できる竈がでてきて、炉と竈が併存していたとされる。竈には辛竈と造りつけの築竈の二種類が存在していた。移動できる辛竈は『大日本古文書』に「辛竈肆具」とあり、『延喜式』主計上に「竈二口。〈高一尺五寸。〉竈子十口。〈受二一斗一。〉甑十口。〈受二六升一。〉」と記されており、竈子は釜にあたり、その上に甑をかけて使用していたと考えられる。一方の築竈については、一般住居に石や粘土、瓦などを用いて造られた竈が備えられていたことが、竪穴住居址にみることができる。

甑は穀類を調理するための炊蒸器で、土器のものと木器のものがある。木器は檜や杉材製のものがみられる。『日本書紀』孝徳天皇大化二年に「復、百姓有り、他に就きて甑《こしき》を借りて炊《かし》き飯む、其の甑、物に觸れて覆《くつがえ》る。是に、甑の主乃ち祓除せしむ。」とあり、ご飯を炊くために使用されていたことがわかる。甑と竈が一組となった土器が出土されている。

俎（切机）・刀子

食品を包丁で切る時に使用する板のこと。「まな」とは魚のことで、もともとは魚を調理する際に使用され、蔬菜用とは区別されていた。俎板・真魚板とも書く。『延喜式』内膳司によると切案（俎）が鮮魚や海藻、雑菜、菓子など用途別に記載されている。『和名類聚抄』厨膳具条に「史記人為刀俎我為魚肉（俎音阻和名末奈以太）開元式云食刀切机各一今案切机即俎也」（括弧内割注）とあり、切机はすなわち俎で和名は「マナイタ」というと記されている。形状については、『延喜式』木工寮式に「切案。（長三尺。広一尺七寸。高八寸。厚八分。）」（括弧内割注）とあり、かなり頑丈な俎であったことがわかる。

刀子とは小刀のことで、腰帯に釣るし、実用にも、装身具としても使用されていた。柄は象牙や犀角、沈香、黒柿などの貴重材で作られた。刀子は、『和名類聚抄』に「刀子　漢語抄云刀子（賀太奈　都牢反）」（括弧内割注）とあり、「カタナ」と読んでいたことがわかる。『大日本古文書』に刀子が「料理食物料」や「充備食所」と記され、料理の道具としても使用されていたことがわかる。史料には、大・小や長・中・小・長・短などのサイズの違いがみられ、調理の内容によって区別していたと考えられる。

暦

貴族の生活に大きな影響を与えていた

日本の暦

暦法が日本に伝わってきたのは、六世紀と言われており、日本における暦の使用は早い。平安時代には貴族の間で具注暦が使用されていたことがわかっている。暦というのはもちろん現在のカレンダーと同じ役割を示すものであるが、現在のカレンダーは基本的にその月日を著すことが重要であるのに対し、古代の暦は中国にあわせて、星の動きや月の満ち欠けから様々な運勢を計算するものであった。

そして、古代の暦の使われ方としては現在の占いの要素も大きい。暦は現代における日記帳のような役割を果たしていたこともあり、天皇の遺筆としても暦の途中に予定を書き込んだものが残っている。

奈良平安時代の暦は星宿や干支などの表記もあり、物忌などの貴族の行動の指針に使われていた。逆に言えば平安時代の貴族の生活は暦によって影響されていたといえることが出来る。暦を使って予定を決め、それに行った行動などを書き込んでいく、現代では言えば実用手帳のようなものであるということができる。

暦法による政治

暦は政治を運営する上で基本であり、暦を元に予定が立てられていった。特に、節会などの年中行事は暦に基づいて毎年何日に行うのかということが定められており、例えば暦に関する行事である「後暦の奏」は毎年十一月一日に中務省から翌年の暦を献上する儀式であった。この時に献上されていたとされる暦が七曜の位置を記載した暦である「七曜暦」であった。

暦法は国家事業としても行われており、律令制下の官僚制において、陰陽寮に暦博士が置かれて暦生に暦学を教えていた。暦を学ぶことは国の政治運営につながることであり、大切な学問の一つなのである。この暦博士が置かれていたのが陰陽道を担当とする役所であった陰陽寮であることが、当時の暦に対する認識はやはり現代で言う「占い」や「まじない」といった要素を含んでいたことを表しているとも言える。

一方、庶民一般は暦という概念はほとんど持っておらず、今日が何日であるかということより季節を中心として認識していたと考えることが出来る。これは、日々の生活の中で重要なのは、日付の概念よりも農作業などをする上での季節と時間であり、暦法としての暦の使用が庶民にまで広まるのはさらに後世になってからのこととなるのである。この暦の伝奏がいつごろまで続いたのかについては定かではないが、今現在カレンダーの使用が当たり前になっているように、暦と日付という認識は徐々に広まっていったことが考えられる。

57

春の行事

庶民の楽しみ歌垣

庶民の楽しみ

古代の庶民の生活はというと税のとりたてに苦しむ姿がまず一般的である。『万葉集』の中にみられる山上憶良の「貧窮問答歌」などはその好例である。

しかし、古代の庶民は、本当に毎日毎日、税に追われてばかりいたのであろうか、という素朴な疑問がわいてくる。税負担に苦しんでいないという気はもうとうないが、古代の庶民にも現代の多くの庶民と同様に、苦しいうちにも楽しみや喜びが当然のことながらあったと思うのである。

そう考えるとき、歌垣《うたがき》はとても興味深い催しである。「かがい」ともよばれるこの行事は、毎年春と秋とにおこなわれ、庶民たちにとっては最大の楽しみであったと思われる。

一般には、性の解放といわれることが多く、それも無秩序の騒ぎとしてとらえられることがしばしばである。しかし、そうした考えには十分な考察がなされていないことも多く、先入観が多分にあるように思われる。まだまだ再検討の余地がありそうである。

歌垣の方法

歌垣には、景勝の地や市などでおこなわれたが、中でも常陸国の筑波山と肥前国の杵島山のものは有名である。

具体的に筑波山の歌垣をみるならば、『常陸国風土記』の筑波郡の条に、春と秋に足柄山から東の国々の男女が飲食物をもって馬に乗ったり徒歩で登ってくるとある。このことから、歌垣は春と秋の年二回のみということがわかる。田植えのあとと収穫のあとの二回である。また、筑波山では、男女によって多くの歌がやりとりされ、二人の心が通じれば一夜を共にしたと思われるが、ただ心が通じるだけではだめであったようである。というのは、女性に対して、「筑波峯の会に娉《つまどひ》の財を得ざれば、兒女《むすめ》とせず」と記されている。ここにみられるつまどいの財とは、男性から女性へ求婚のしるしとしてわたされる財物のことと考えられる。つまり、筑波山の歌垣へ行って、男性から求愛の財物をわたされないような女性は、一人前の女性とはいえない、といった意味になろうか。

このことは、男性はただ歌をうたって女性に近づけば良いというのではなく、しかるべき財物を用意していかなければならなかったということを意味している。つまり、歌垣は少なくても無秩序な性の解放などではなく、一定のルールのもとにおこなわれる庶民の楽しみであったのである。

58

夏の行事

茅の輪くぐりは古代から

くり返される行事

令の規定を見ると、夏の行事のうち、六月のものとして月次祭《つきなみ》・鎮火祭《ひしずめ》・道饗祭《みちあえ》・大祓《おおはらえ》があげられているが、これらはすべて十二月にもくり返しおこなわれた。

月次祭は、国家の安泰を願う祭で、神祇官でとりおこなわれた。鎮火祭は防火を祈る祭で宮城の四方でおこなわれた。道饗祭は京城のうちに悪霊が入らないことを願う祭で、京城の四隅の道路上でなされた。大祓は国家の穢れを取り除く重要な祭で、起源は神話にもとめられることが多い。

すなわち、大祓の起源は、イザナキが黄泉国から逃げもどったあと、その穢れを祓ったことや、スサノオが高天原での乱暴のあと、その罪をあがなうために千座置戸を科され、体の毛を抜かれたことに始まるとされる。

その後、『古事記』では、仲哀天皇の段に天皇の崩御後、大祓をおこなったとある。しかし、大祓の記事がよくみられるのは天武朝に入ってからで、天武天皇五年（六七六）、同一〇年（六八一）・朱鳥元年（六八六）に大祓がおこなわれたとある。おそらくは天武朝の事例が基になって、律令制下において定例化したのであろう。

大祓は六月と十二月の晦日におこなわれたが、その内容については、養老令や『延喜式』によって知ることができる。

その後の大祓

律令体制の崩壊と共に大祓も衰退していくが、一方では六月の大祓いは夏越祓《なごし》と称して民間に継承され、現在にいたっている。

夏越祓は、災害よけの意味をもち、茅の輪くぐりなどと共におこなわれるようになった。茅の輪くぐりもそのルーツをたどると思いのほか古く、八世紀の前半にまとめられた『備後国風土記』にその起源がみられる。

それによると、スサノオが恩を受けた蘇民将来の娘に、茅の輪を腰につけることを命じ、一夜のうちにその娘以外の人間をすべて殺してしまう。そして、今後、疫病がおこったときには、茅の輪をつけて蘇民将来の子孫となのれば災いから逃れることができると教えたとある。

いわゆる蘇民将来伝承とよばれるものであり、現在は新暦・旧暦といった暦の関係から六月や七月もしくは八月の下旬などに各地の寺院や神社、とくにスサノオと関係のある神社などで、この茅の輪くぐりをみることができる。

59

秋の行事

相撲は秋の行事

七夕の節会

古代の年中行事に節会《せちえ》がある。具体的には、一月一日の元日節会、七日の白馬節会、十六日の踏歌節会、三月三日の上巳節会、五月五日の端午節会、七月七日の七夕節会、九月九日の重陽節会、十一月の新嘗の豊明節会などである。これらの中には現代のわたしたちにとってもなじみのあるものが多い。

その一つである七夕は、もともと中国の行事で、収穫祭であった。それが日本に入ったわけであり、七月七日の夜に牽牛・織女の二星が天の川で会うという故事にちなんで、この二星を祭る年中行事となった。『万葉集』にもうたわれたりしているが、もっぱら歌宴・詩宴の要素が強かった。

相撲節会

七夕の日には、今の相撲にあたる相撲節会がおこなわれた。そもそも相撲は、朝鮮半島から伝来したもので、六世紀代の古墳から力士を表現したと推測される力士埴輪と称される人物埴輪が出土している。

史料的には、『日本書紀』の垂仁天皇七年七月七日の条に野見宿禰と当麻蹶速との間に「角《すまひと》らしむ」とみえるのが最初で、その後、奈良時代に入って相撲は儀式化の傾向を強めていく。聖武朝には年中行事化が進み、天平六年（七三四）七月七日には天皇が相撲を観覧している。これが天覧相撲の初めである。さらに、天平一〇年（七三八）七月七日にも聖武は相撲を天覧している。

相撲節会は四〇人の相撲人が左と右の二手に分かれて対戦した。場所は不特定であったが、平安時代の中ごろからは紫宸殿の南庭でおこなわれた。左方の相撲人は頭に葵の造花をつけ、右肩の者は瓠の造花をつける。当時は土俵がなかったため、勝負が長びいたり、決着がつかないこともあった。また、物言いにあたる「論《ろん》」がでることもあった。どうしても判断がつかないときには、天判といって天皇が勝敗を決定することもあった。

相撲節会は、大変、費用がかかるため、平安時代の後期に入ると、財政的な面と相撲人を全国から集めなければならないという人的な面とから、もはや存続することが不可能になり、承安四年（一一七四）を最後に廃絶されてしまった。これ以後、相撲が地方へも伝幡するようになり、中世には、武士のたしなみのひとつとして盛んになっていった。

冬の行事

新嘗祭の誕生

新嘗祭と大嘗祭

冬の数ある祭祀の中で、最も重要なもののひとつが収穫祭である。収穫祭はそもそもは、大《おお》嘗《なめ》祭とよばれ、民間の儀礼であったと考えられるが、宮廷にとり入れられて次第に年中行事化していった。

さらに、大嘗祭は、天武・持統朝のころに毎年おこなわれるものを新嘗祭とよび、天皇の即位後、初めておこなわれる一世一度のものを特に大嘗祭といって区別するようになった。これ以後、大嘗祭は即位儀礼のひとつとなり、現在にいたっている。

宮廷祭祀としての新嘗祭は、現在は十一月二三日におこなわれるが、これは明治時代以後のことであり、もともとは十一月下の卯、もしくは中の卯の日と翌辰の日におこなわれた。その前日には、鎮魂祭《たましずめ》があった。鎮魂祭は、「たましずめ」という名称からは身体から遊離した魂を体内に鎮めるということになるが、この祭の本質はタマフリにあり、魂をふるい立たせるというものである。新嘗祭の前日に鎮魂祭がなされるのは、この時期が太陽の最も弱まる冬至に近く、太陽神であるアマテラスを祖とする天皇の力も弱まると考えられるため、天皇の魂の活力を復活させようとするためといわれている。

新嘗祭の当日、天皇は沐浴斎戒ののち、神嘉殿においてアマテラスをはじめとする神々と新穀を相嘗《あいなめ》する祭儀を深夜に二度くり返す。そして、翌日は新嘗会（豊明の節会）が豊楽院において天皇出御のもとでおこなわれるのである。

民間の新嘗祭

それでは、民間の新嘗祭はどのようにおこなわれていたのであろうか。そのことを知る手がかりが、『常陸国風土記』の筑波郡にみられる。

説話の内容を具体的にみるならば、「神祖《みおや》の尊」が子神のもとを巡行して富士山の神に宿を請うたところ、新嘗祭をしていて、家の者は潔斎中なので今日は、宿を貸すことができないと断わられてしまう。子神につれなくされた祖神は、大変、怒り恨むという話である。祖神は結局、やはり子神の筑波山の神のもとにいって宿を得ることができるのであるが、このとき筑波山の神も新嘗祭なので客人は家に入れることはできないのであるが、祖神の願いをきかないわけにはいかないといっている。このことから、民間の新嘗祭も非常に厳粛なもので、新穀を神に捧げると同時に家の者は潔斎して身をつつしみ、外部の人間との接触を断って一日をすごしたということが推測される。

旅行

ほとんどが野宿だった

旅の実相

古代には税のひとつとして調があり、これはその土地の特産物を収める税で、庸と共に都まで運ぶことが義務づけられていた。この旅は決して楽なものではなく、道中の苦労に堪えきれないで病死に至る場合もあったほど悲惨を極めた。当時の史料を見ると、調・庸を運ぶための庶民の旅というのは非常に苦しく、帰りには食糧もなくなってしまって、道に倒れて死ぬこともあったと多くの太政官符が記している。

このような道中の行き倒れを防ぐため、あるいはその苦労を支えるためにおかれたのが、布施屋という施設であった。布施屋の多くは僧侶によって設けられ、これに国家も保護を加えていた。特に、行基が建立した布施屋や平安時代に武蔵国におかれた悲田処などが有名である。これらは各地におかれ、旅行者の一時宿泊施設として機能していた。布施屋内では、食糧の配給や怪我や病気の手当てなども行っていたようである。

しかし、これはどこにでもあるわけではない。また、当時は簡単に旅館などあるわけでもなかった。当時の人々は実際には野宿をすることも多かったようで、『万葉集』を見ると、官人も「舟泊《ふなは》て」といって船中で寝ることもあったようである。他にも、『日本書紀』大化二年三月条では、役人が路頭で炊飯をしたり甑を借りたりしているという事態が述べられている。

交通手段については、海上であれば船舶、陸上であればもちろん徒歩が基本になるのだが、官人であれば官道に設置されている駅家の駅馬を利用することができた。また、庶民であっても馬を連れて旅をしていた者もいたようである。

公的な旅と私的な旅

旅には、公的なものと私的なものとの二つの旅がある。公的なものとしては、国司の任国への赴任、庶民の運脚などがあたるであろう。このような公的な旅だけでなく、現代でいうレジャーとしての旅は古代でも存在していたようだ。『万葉集』には赴任先や旅先での行楽の歌も多くみられる。旅の本体は公的なものであったとしても、歌に見られるような旅は私的なものとして捉えられるであろう。

また、外出を伴う一日の行楽は「日帰りの旅」としてみることができる。『常陸国風土記』には筑波山での歌垣の記述、『出雲国風土記』には、温泉や名勝地に人々が集まり、そこで宴会を行っている記述がある。庶民層にも行楽は存在したとして考えてよいのではないだろうか。古代でも、私事の行楽・観光を目的とした旅が存在したのである。

62

休日

役人の休暇

役人の休暇

日本の古代では、休暇のことを「假《か》」（訓はいとま）といった。これは法律用語であり、休假に関する法律を「假寧令《けにょうりょう》」といい、『養老令』の注釈書である『令義解』は役職によって假を規定している。それによると、官人は六日毎に一日か、一か月に五日の休假を与えられる。また、五月と八月には田假と呼ばれる農繁期休暇も一五日ずつあった。さらに、父母が畿外にいる場合には、三年に一度三〇日間の帰省（「定省」）を許している。ちなみに、これは現代でいうところの有給休暇であった。

忌引きについても規定されている。假寧令によると、夫および祖父母・外祖父母の死の場合は三〇日、服喪期間（「服紀」）が三か月の場合は二〇日、一か月の場合は十日、七日の場合は一日の假を給される。服紀は「喪葬令」に規定されていて、天皇・上皇、父、夫などについては一年、祖父母・養父母は五カ月（一五〇日）であった。藤原実資は姉の死にともなって三十日の假を申請している。また、改葬の場合、一年の服喪には二十日、五か月には十日、三か月には七日、一か月には三日、七日には一日の假をそれぞれ給う。

外官に任命された者には装束假が与えられる。これは赴任準備期間である。近国に赴く者には二十日、中国は三十日、遠国の場合には四〇日が与えられた。

その他の休假

以上の假のほか、休暇を申請する場合、五衛府の五位以上の官人が三日以内の休暇を求め、京官三位以上の者が五日以内、五位以上のものが十日以内の休暇を求め、六位以下の官人が休暇を申請したときには、所属の官司が判して給する。それ以上の日数を求めたり、畿外に赴こうとしたりするときは天皇に奏聞する。

実際の休暇申請の例としては以下のようなものがあった。①氏神祭りのため。（宝亀三年（七七二）十月二十八日、美努石成）『大日本古文書』②病気のため。（宝亀元年（七七〇）坂合部浜足）『大日本古文書』③温泉に赴くため。（天平十年（七三八）従四位下小野朝臣）『朝野群載』公休であった。④母親看病のため。（天平宝字四年（七六〇）九月十六日、美努人長）『大日本古文書』⑤掃墓のため。（源致節）『朝野群載』公休であった。⑥触穢のため。（久安三年（一一四七）正月二十一日、藤原頼長は、家で犬が死んだというので四日の假を申請した）『台記』また、変わったものとしては、宮中に出仕している女房などの女性に対しては、生理休暇や洗髪のための休暇も認められていた。

63

娯楽

天皇も遊んだ囲碁・将棋・双六

白河上皇とサイの目

娯楽、中でも賭博の要素が入るとつい、人は自分を見失うようである。古代人も貴賤を問わず娯楽に興じていたようである。囲碁・将棋・双六をあわせて三面とよぶが、そのさいに必要な碁石・駒・サイコロが都からも地方からも出土している。

サイコロといえば、院政を開始して、権力を思いのままにした白河上皇が自分の思いのままにならないのは「鴨川の水、双六の賽《さい》、山法師」の三つだけだと嘆いたという話が『平家物語』にみられる。その白河上皇の住まいであった堀川院跡から近年、平安時代後期（十一世紀中ごろから後半）のサイコロが出土した。素焼きの陶製で一辺が一・六センチの立方体で角は丸みを帯びていたという。ひょっとすると白河上皇もこれを使って双六に興じたかもしれないと夢がふくらむ。

福岡県太宰府市の太宰府天満宮に近い奥園遺跡からもサイコロ、碁石、さらに、おはじきなどが出ている。これらの中で、サイコロは「六」の裏が「四」になっていて、数字の並び方が今とは違っている。

囲碁・将棋・双六

囲碁の碁盤は奈良の正倉院にも伝わっており、天皇や貴族に囲碁がたしなまれたことがうかがわれる。碁石については、『常陸国風土記』の多珂郡の浜（小貝浜）に碁石があると記されており、色は玉のようで常陸国で一番良い碁石がとれると記載されている。また、『出雲国風土記』の島根郡の玉結浜にも「碁石あり」と記されており、碁石として浜の石が採取されていたと思われる。

三面の中でも将棋と双六は賭博性が強いこともあり、人びとの人気を得たようである。将棋の駒は、平安時代後期の城輪遺跡（山形県）、鳥羽離宮跡（京都府）などから出土している。特に鳥羽離宮跡からは「金将・成り面飛車」駒が出土している。また、平安時代には、十八枚の駒を使う将棋の他に三四枚の駒を用いる大将棋の二種類があったことが『二中歴』などによって知られる。

双六は、二個のサイコロを振り、その合計の目にあわせて十五枚の白・黒の駒を二列十二升目の長方形の盤の上で動かし勝負を競うゲームである。双六盤は正倉院に伝わっている。双六に用いるサイコロは、石製の他、鹿角や骨などで作られたが、中でも鹿角製が一番、出土例が多い。サイコロの構造は、多くは今と同じく、表と裏をたすと「七」になる天一地六系と呼ばれるものが一般的とされている。

64

歌

五七のリズムは古代から

万葉集に収められた歌の種類

日本で初めての歌集としては『万葉集』が知られる。およそ四五〇〇首にも及ぶ和歌を収めており、現存する最古の歌集である。七世紀後半から八世紀後半ころにかけて読まれた歌を集め、成立は七五九年（天平宝字三年）以後とみられる。

この歌集に収められている和歌は、五音と七音のくりかえしによって構成されていて、現代にまで通じる和歌の形はこの時代からすでに完成されていたと言うことができる。万葉集に収められている歌の形式は、大部分は短歌・長歌・旋頭歌《せどうか》の三形式となっている。短歌は現代に伝わっているのと同じく五七五七七の三十一文字。長歌は五七を繰り返し続けて行き、最後に五七七で終わるもので、普通十数句〜二十数句となる。旋頭歌は五七七を二度繰り返した六句からなるもので、前半と後半で読み手が変わる問答形式での歌が多い。その他、仏足石歌（五七五七七七）と言った現代では一般的に歌われない形式の歌も見られる。

歌の種類では相聞歌、挽歌、雑歌の大きく三つにわけられる。相聞歌はお互いにやりとりをするという意味であるが、ここでは男女の恋愛関係の歌が扱われている。挽歌は死者への哀悼をしめす歌となっている。雑歌はそれらに含まれない、宮廷関係の歌や自然の美しさを歌った歌などがふくまれる。

万葉集の歌の歌主

万葉集に収められている歌を時代別に見ていくと初期は、額田王や天智天皇など、天皇もしくはその周辺の貴族の歌が多く見られるが、時代を下るに連れて、地方の中級・下級官人などの歌も見られるようになる。防人など庶民の歌も見られることから、歌を作るという事が広く庶民にも広がって行ったことがわかる。

中でも「東歌」は東国と呼ばれていた現在の関東一帯で生活していた人々が読んだ歌で、地域的にも宮廷周辺から始まったであろう歌の文化が、畿内へそして東国にまで至る地方へと徐々に波及して行ったのであろうことが推察される。また「防人歌」は東国から徴集された防人の詠んだ歌で、その一部は作者の名前や出身国まで記されている。防人は庶民を兵士として徴用し、北九州の防備に着かせるものであるので、けして文化的レベルが高い人びとばかりが集められていたわけではない。であるにも関わらず、かなりの数の歌が天皇などと並んで収載されていることは、歌の文化というものが庶民の間にもかなり広く浸透していたということがうかがえる。

65

神社

数おおくあった古代の神社

「神社」の成り立ち

神社の原型は、神が降りる巨石などの磐座《いわくら》や場としての神籬《ひもろぎ》、神が住む場所とされた神体山などの禁足地であると考えられている。縄文・弥生以来の自然信仰（アニミズム）の要素が残ったものであり、祀りごとの時々に神が降りてくる「場」であって、常設の施設を伴うものではなかったようである。奈良県の大神神社・石上神宮など、古代から続く神社の中には、現在も本殿を持たない神社がある。

しかし、現在、一般的に神社というと本殿や拝殿などの社殿が置かれたものが想像される。このような形になったのはいつごろからであったのか。この問題に対して歴史学の立場からは、「神社」や神社建築はともに七世紀後半の天武朝における律令制支配と官社制に画期があるとされている。つまり、官社制や「神社」は在地の信仰が自然に結実したものではなく、在地の宗教的伝統を国家が創始した官社制という形式にあうよう誘導したものであった。

国家によって整備された神社制度であるが、これを担当する行政機関が神祇官であった。十世紀初めの『延喜式』神名帳によれば、全国に二八六一か所（三一三二座）の神社が官社として公的な待遇を受けていた。これらの神社は式内社と呼ばれる。

また、式内社はあくまで国家が把握している神社であり、それ以外の神社が存在しなかったわけではない。八世紀前期に成立した『出雲国風土記』には、全部で三九九の神社が記載されているが、そのうち一八四社が神祇官の台帳に登録されており、そうではない神社が二一五ある。このことから、在地の人々の信仰を受けていた非官社もまた多く存在したということがわかる。

二十二社制

当初、国家は『延喜式』神名帳にある全国の神社に対し奉幣《ほうべい》をおこなっていたが、律令制が衰退していくに従いこの制度は廃絶されていく。平安中期以降になると伊勢神宮を例外として、畿内に鎮座する神社から二十二社を特に選んで、これらの神社に天皇直轄の奉幣が行われるようになる。これを二十二社制と呼んでいる。二十二社は、上七社・中七社・下八社に分かれている。

上七社が伊勢神宮、石清水八幡宮、賀茂神社、(上賀茂神社・下鴨神社)松尾大社、平野神社、伏見稲荷神社、春日大社。中七社が大原野神社、大神神社、石上神宮、大和神社、廣瀬大社、龍田大社、住吉大社。下八社が日吉大社、梅宮大社、吉田神社、廣田神社、八坂神社、北野天満宮、丹生川上神社、貴船神社である。

寺

個人の信仰から国家の護りへ

「寺」の成り立ち

日本へ公に仏教が伝来してきたのは、六世紀の中頃と言われている。欽明朝(『日本書紀』では五五二年、『元興寺縁起』などでは五三八年)に、百済の聖明王より伝えられた。しかし、それ以前より多くの渡来人が日本へと渡来・定住しており、彼らは氏族として集団化し、氏族内の私的な信仰として仏教をもたらしていたと考えられている。その好例として『扶桑略記』には、五二二年に来朝したとされる司馬達等が大和国高市郡において本尊を安置し「大唐の神」を礼拝していたと記されている。

当初は住居内に仏像を安置して礼拝していたが、六世紀末に創建されたとされる飛鳥寺の出現により、初めて伽藍の整った寺院が出現する。飛鳥寺は「法興寺」とも呼ばれていた。この名は「仏法が興った寺」を意味している。『日本書紀』によると、法興寺は用明天皇二年(五八七)に蘇我馬子が建立を発願したものである。馬子は排仏派の物部氏との戦いの勝利後、飛鳥の真神原《まかみのはら》の地に寺を建てることにしたという。この後、法隆寺・四天王寺などが続いて建立されることとなる。飛鳥寺の飛鳥大仏や法隆寺金堂の釈迦三尊像などは、止利仏師の作とされているが、彼の祖父は先に出た司馬達等であった。

鎮護国家への道

仏教は、先述したように、当初は私的な信仰として一部の個人や氏族によって信仰されたものであった。このような信仰の形態はその後も続いていくこととなる。しかし、天智〜天武・持統政権にかけて律令制度を整えていく中で、仏教は鎮護国家としての役割も担っていくようになる。鎮護国家とは、文字通り仏法によって国家を鎮護するという意味であるが、これは多分にイデオロギー的側面も含んでいた。仏教は国家権力と結び、保護・支配下に置かれていくようになる。これは仏教を通して人民を安撫することで、精神世界における支配の正当性を担保するという方針のもと、進められた政策であると捉えられるのである。

特に天武十四年（六八五）三月二七日には、諸国・家毎に仏舎を作れという詔が出されている。この「家毎」とは郡家《ぐうけ》のことを指すとする見解が出されているが、実際にこの時期には郡を単位として地方寺院がつくられている。以降、この詔を契機として地方寺院の造営がより活発化していくこととなる。そして天平十三年（七四一）、聖武天皇により発布された国分寺建立の詔によって、諸国に国分寺・国分尼寺を置かれることとなり、鎮護国家体制は結実することとなるのであった。

儒教

「憲法十七条」にも影境を与えた

日本への伝来

中国の春秋時代に孔子によって説かれたのが儒教である。ついで、戦国時代にでた孟子・荀子によって思想形成がなされた。その後、前漢の武帝によって国教とされた。その内容はというと、「君臣・父子の礼、夫婦・長幼の序」といった名分主義と陰陽五行思想などをミックスして、人君を助け陽陽にしたがう天子を聖王とみなすというものであった。

儒教は、朝鮮半島の諸国や日本、また、ベトナムなどの国々の思想・学問・道徳といった文化の形成に多大な影響を与えた。日本へは、四世紀から五世紀のころにあたる応神朝に王仁が百済から『論語』・『千字文』をもたらしたのが儒教の伝来とされる。『論語』はいうまでもなく孔子の教えを記したものであるが、王仁については、多分に伝説上の人物とされ、その実在性に関しては問題がある。

また、六世紀に入って継体・欽明朝になると、百済から五経博士が交代で貢上された。五経博士とは、百済の官職名であり、『詩経』・『書経』・『易経』・『春秋』・『礼記』といった儒教の基本テキストのスペシャリストである。つまり、儒教の専門家ということになる。

七世紀に入り、遣隋使ついで遣唐使が派遣されるようになると、儒教の受容もいっそう進んだ。聖徳太子によって六〇四年に制定されたといわれる「憲法十七条」には、第三条にみられる「君は則ち天なり。臣は則ち地なり。」といった名分主義をはじめとして、儒教の影響が強くみられる。

律令国家と儒教

七〇一年に制定された大宝令には、大学寮の規定がみられる。大学寮は、式部省の管轄下におかれ、教育および官吏の養成にあたった。ここでは学科として本科と算科とが置かれたが、本科とは儒教を学ぶ明経のことであった。このあと、神亀五年（七二八）になって、文章・明法の二学科が加わった。

このように、奈良時代には明経道（儒教）・算道（数学）・明法道（法律）・文章道（文学）などの学科が大学寮に設置されたが、これらの中でも特に重んじられた中心的な学科は明経道であった。

しかし、平安初期になると、文章道に歴史が加わり紀伝道となり、この紀伝道が学問として台頭してくる。そして、九世紀後半には、この紀伝道が明経道に代わって中心的位置を占めるようになった。

68

道教

浦島太郎も道教から

道教の流伝

仏教や儒教からみると道教はあまりなじみのない言葉である。中国で成立した宗教であるが、仏陀とか孔子といった特定の創始者はいなく、民間の信仰としての要素をもっている。老子が開祖といわれるが、これはのちになってからのことである。

そうした成立の背景からも現世利益の性格が強く、修行すれば不老不死を得ることができるとする神仙思想を中核としている。これに陰陽思想や五行思想などがミックスされたものが道教である。

日本にいつ頃、伝わってきたのかは不明であるが、少なくても六世紀の初めころにはすでに入っていたようである。『日本書紀』の継体天皇七年（五一三）に、五経博士の段楊爾《だんように》が百済から貢上されている。五経博士とは、『書経』・『詩経』・『易経』・『春秋』・『礼記』に詳しい学者で、五経それ自体は儒教の基本テキストであるが、儒教のみではなく、それらの中には道教の要素も含まれている。

さらに、推古十年（六〇二）には、百済から観勒が来朝して暦・天文・地理・遁甲方術などの書物をもたらしたと伝えられる。

これらの渡来人によって道教が古代に流入していることは明らかで、天武天皇のように関心をもつ天皇も現われた。しかし、日本に伝わった道教が道観とよばれる寺院をはじめとして、布教者である道士・女冠、信仰対象である道像などをすべて備えた成立道教とよばれるものではなくて、民衆によって信仰された民間道教であったことも影響して、仏教のように国家の保護を得るということはなかった。

神仙思想

道教の中心的な思想である神仙思想は、修行すれば不老長生を得ることができるというものであり、おそらく万民が願うこであろう。古代の日本人も例外ではなく、この神仙思想には大きな関心をもったようである。たとえば、『近江国風土記』をはじめとしていくつかの『風土記』にみられる羽衣伝承や『丹後国風土記』・『万葉集』・『日本書紀』に記されている浦島子伝承などは神仙思想の具体例である。

浦島子伝承は、近世初頭のお伽草子の『浦島太郎』を経て、現代でも昔話の『浦島太郎』として語りつがれているし、八人の天女が天上から降りてきて人間と交渉をもつ羽衣伝承も人口に膾炙している。

陰陽道

生活の基本となった陰陽道

陰陽道はどこで成立したか

最近は陰陽道も少しは市民権を得たようである。コミックや映画・テレビの「陰陽道・安倍晴明」のおかげである。たしかに安倍晴明は平安時代中期に活躍した非凡な陰陽家である。賀茂忠行・保憲父子を師として陰陽の術を学び、特にさまざまな天文の事象を読みといて、事変を予見したと伝えられる。

陰陽道については、中国からの伝来説と日本での成立説の二つがある。これらのうち、日本成立説についてみると、道教の中心要素である陰陽思想や五行思想は、たしかに中国からもたらされたものであるが、これらを体系化して、陰陽道という形になったのは日本においてであるというものである。

この点について、どちらが正しいのかという結論を簡単にいうことはできないが、しいてどちらかといえば、陰陽道として体系化されたのは日本においてである、と考える方が妥当であるように思われる。

陰陽寮の成立と仕事

律令国家において、陰陽道に基づいて天文の観測や暦の作成・時刻の管理と卜筮《ぼくぜい》などをおこなったのが陰陽寮である。これらの職掌のうち卜筮とは占いのことである。役所で占いをするとは、現代的感覚では理解できないかもしれないが、大きな影響力をもっていた。たとえば遷都のときなど、新しい都の候補地を占って凶と出ると、そこは候補からはずされた。また、異常事象が起きた場合にもそれが吉か凶かという占いが重要視された。

組織としては、中務省の管轄下に入り、長官である陰陽頭（従五位下）の下に事務職としては、助・允・大属・少属が各々一人ずつ配置されていた。また、技術者としては、陰陽師・陰陽博士・暦博士・天文博士・漏刻博士がいた。陰陽師は従七位上相当の官であり、各々の博士については陰陽博士が正七位上、天文博士が正七位下、漏刻博士が従七位下というようにばらつきがみられる。

平安時代になると、陰陽道の性格も貴族のニーズに合わせて変化し、宮廷陰陽道とよばれる形に変質していく。具体的には、家の中にじっとこもって身をつつしむ物忌や目的地に行くときにその方向が凶となった場合にその方角をさけて遠回りしていく方違といった陰陽道のタブーが天皇や貴族の守るべきものとして定着し、それは拘束力をもつまでにいたる。陰陽寮もその本来の存在意義を次第に失っていき、藤原氏の御用的性格をもつようになった。

医学

僧侶がになった古代の医療

僧侶と医術

古代の医者というと、僧侶がまず、思い浮かぶ。もちろん専門の薬師もいたし、朝鮮半島や中国からの医師の伝来もあったと思われる。たとえば、『古事記』には、允恭天皇の時代に新羅の使節としてやってきた金武は名医でもあり、天皇が長年、気にやんでいた病気を治したとある。

しかし、仏教の伝来と共に入ってくる仏教医学の存在はみのがせない。経典としては、薬師経があげられるし、仏教では薬師如来などが仏教医学の具体例といえる。僧侶たちはこうした経典・仏像の他に薬草類の知識も豊富であった。たとえば、中国から仏法を伝えるために、失明の苦難にもめげずに来朝し、戒律を伝えた鑑真は、鼻で薬草をかぎ分け一度も誤らなかったとされる。

また、聖武天皇の生母で、聖武を生んで以来、病にふせっていた宮子の病をいやしたとされる玄昉や一時は「不予」、つまり、重体にまでおちいったとされる孝謙上皇の重病を治し、寵愛をうけた道鏡も有名である。

律令制下の医療体制

律令制が整備されるにつれて、医療機関もととのえられてきた。たとえば、宮内省の下の典薬寮、中務省下の内薬司、後宮十二司の一つの薬司などがあげられる。また、五衛府にも医師が置かれたし、地方には国ごとに国医師が配置される。

これらのうち、典薬寮は、医療関係を統括した宮司であると共に、貴族や官人の病気に対応した。長官である頭《かみ》をはじめ助・允・大属・小属といった事務官のほかに、医博士・医師・医生や針博士・針師・針生、按摩《あんま》博士・按摩師・按摩生、呪禁《じゅごん》博士・呪禁師・呪禁生、薬国師・薬園師・薬園生といった技官が配置されていた。

しかし、こうした典薬寮の社会的地位は、さほど高いとはいえず、長官である典薬頭でも従五位下相当官にすぎなかった。医生を指導する立場にある医博士などは正七位下というありさまであった。

典薬寮に対して、内薬司は天皇の病気に対応するための宮司である。正《かみ》・佑《じょう》・令史といった事務官に加えて、侍医四人・薬生十人から構成されていた。ここにみられる侍医はいうまでもなく、天皇の病気を担当する名医たちであり、その官位も正六位下で医博士たちと比べてはるかに高位であった。

71

道路

とても広かった古代の道路

都の道路

古代の道路がどれくらいの広さであったかといった研究が本格的に始められたのは、さほど古いことではない。したがって、古代道はさほど広くなかったとイメージする人もいるのではないだろうか。

しかし、その考えは正しくないようである。たとえば、平城宮跡に復元された朱雀門に立つと一部であるが朱雀大路を望むことができるがその広さに驚く人も多いのではなかろうか。その幅は発掘の成果によると約七五㍍にも及ぶ。平城京内の大路は約二二㍍から二五㍍、小路でも七㍍くらいあったといわれている。これらの道路が碁盤目状に敷設されていたのである。

ちなみに、平城京の前の都である藤原京では最も幅の広い道路は約二四㍍であった。また、『延喜式』によると平安京では、朱雀大路が約八四㍍、一般の大路が約二四㍍、小路は約一二㍍の広さをもっていた。こうしたことからも、藤原京・平城京・平安京の道路はかなり整備されたものであったことがわかる。

都以外の道路

それでは、都以外の道路の状況はどうであったのであろうか。『日本書紀』の仁徳天皇一四年の是歳条に、大道を京中に作ったとあり、この道はさらに南門よりまっすぐにのびて、丹比邑にまで至ったと記されている。しかし、現在のところ仁徳の治世下である五世紀での計画道路の建設は考えにくいといわれている。

その後、推古天皇二一年（六一三）一一月に難波から京に至る大道を造ったとあり、これが最初の計画的な大道の建設であろうと考えられている。この大道は、難波に上陸した外国使節が飛鳥へ向かうさいに使用されたものであり、道路の建設も百済や新羅といった朝鮮半島の国々や中国を意識したものであったことがわかる。

一般的に京域以外の道路も両側に側溝を備えていた。郡周辺の横大路や下ツ道は約二四メートルあったとされ、地方でも駅路の場合、七世紀代には一〇～一一メートル、奈良時代になると約一三メートルの道幅をもつものが多いとされる。その後、平安時代には六メートルになり、これは伝路と同じ道幅とされている。

72

土木工事

国を治めるための公共工事

大王の治水工事

大王がなさなければならない仕事のひとつに勧農政策がある。古代社会において、農耕は最も重要な位置を占めており、為政者は当然のことながら勧農につとめなければいけなかったのである。

そのひとつが灌漑工事である。『古事記』や『日本書紀』をみると歴代の大王たちは、多くの池を掘ったり治水工事をおこなっている。具体例をあげると、崇神は河内の依網池・大和の苅坂池・反折池を作っているし、次の垂仁は大和に狭城池と迹見池を作っており、さらに、全国に池を掘り溝を造ることを命じている。その数は八〇〇にも及び、これによって人々は豊かになり、天下は太平になったという。また、垂仁は皇子のイニシキに命じて、河内に高石池・茅渟池を作らせている。応神天皇も剣池を掘った他、タケノウチノスクネが渡来人を使って百済池を作ったりしている。

これらのことは、すべて事実とは思われないが、応仁朝には多くの渡来人が来朝していることを考え合わせるならば、進んだ技術をもった彼らが池などの土木工事にたずさわった可能性はあるであろう。

地方の土木工事の実態

大王の治水工事の記事は畿内が中心である。垂仁のように全国に池や溝を掘ることを命じた大王もいたとされるが、地方での工事の様子は不明な点が多い。そうした中で、『出雲国風土記』の秋鹿郡の恵曇浜には、大規模な工事がおこなわれたことが記されている。島根半島のほぼ中央にあたるこの地域に、人工的に切り開いた切り通しが三か所あるというのである。三か所のサイズも記されていて、ひとつは厚さ三丈・広さ一丈・高さ八尺、ひとつは厚さ二丈・広さ一丈・もうひとつは厚さ二丈・広さ一丈・高さ一丈とある。それぞれの切り通しには水が通り、北の日本海に通じていた。

岩を三か所も掘りぬく大工事は、郡司層の一員であった波蘇が中心となって人々を動員してなしとげたものであった。なぜ、このような大工事が必要だったのかというと、「稲田の澇」によるものと記されている。つまり、田が水浸しになるため、その水をぬくための排水路であったのである。

ここには、地域の指導者を中心に水田を守るために難工事にいどむ農民たちの姿があるといってよいのではなかろうか。

73

橋

一〇〇メートル近い大橋もあった

橋の種類

古代の橋の多くは、現在のものと同様に桁《けた》をもった橋であった。有名なものとしては、大化二年（六四六）に僧の道登が造った宇治橋や六七二年の壬申の乱のさいに大海人皇子軍と大友皇子軍とが最後の大攻防戦をおこなった勢田橋などがある。この二橋に京都の山崎橋を加えて日本三大橋といっている。この日本三大橋については、のちに山崎橋がなくなってからは淀大橋がはいることになる。

これらの桁橋が中心であったが、この他にも古代には、つり橋や丸木橋などもみられる。また、小舟を横に並べて綱で結んで固定した船橋（浮橋）もあった。また、川幅が広いとか川岸の地形とかなどの理由で橋を架けることの困難な場所には、渡船が置かれる場合もあった。この場合の渡船は原則的には官船であった。

律令制下において、橋は民部省の管轄下にあり、京内にある橋の場合には京職が、また、諸国においては国司が管理にあたった。橋は古くなると必要に応じて毎年、九月と一〇月とに修築がおこなわれた。

地方の実態――出雲国の場合――

律令時代、実際に諸国の橋はどのようになっていたのかというと、なかなか実態をつかむことは難しい。しかし、奈良時代に編纂された『風土記』などによって、その一端をうかがうことができる。

たとえば、『出雲国風土記』には、巻末に幹線道路の一覧が記されていて、そこには三つの橋がみられる。まず、飯梨川に架かっていた野城橋があげられる。この橋は「長さ三十丈七尺、広さ二丈六尺」と記されているから、全長九二㍍におよぶ橋であり、幅も八㍍弱あった。かなりの大橋といえよう。

また、現在の宍道湖の北岸に流れ込んでいる佐太川には、佐太橋が架けられていた。この橋は「長さ三丈、広さ一丈」とあるから、さほど大きな橋とはいえない。この他、「長さ六丈、広さ一丈五尺」と記された野代橋もみられる。

斐伊川の中流には、渡船の記載がみられる。渡船については、この他、斐伊川の下流にも設置されていたことが記されているし、神門川にも記載がみられる。

出雲第一の河川である斐伊川はもとより、飯梨川や神門川も大河川であり、人の往来や物資の流通が盛んな交通の要衝にはこのように橋や渡船が設置されていたことが知られる。

船

発掘でわかる船の構造

縄文・弥生時代の船

発掘調査によって出土する船には、刳船・準構造船・構造船があり、縄文時代の遺跡からは、一本の木を刳り抜いてつくる刳船が確認されている。列島内における最古の事例は、福井県の鳥浜貝塚から出土したもので、縄文時代前期のスギを刳り抜いてつくられている。また、島根県の三田谷一遺跡などからも刳舟が出土している。

出土した船は、石器を用いてつくられている。加えて、底内面に焼痕が確認される刳船もあることから、船をつくる際に火を用いていた可能性も指摘されている。

弥生時代後半頃になると、刳船の底に舷側板を取り付けた準構造船が登場してくる。代表的な出土事例の一つは、大阪府の久宝寺遺跡から出土した準構造船があげられる。この遺跡からは、船本体とそれに取り付けられる竪板や舷側板が出土しており、これら遺物は、弥生時代終末期もしくは古墳時代初頭に相当すると考えられている。また、確認された船は、残存長約三m、最大幅一・二四m、高さ〇・四二mを測り、使用された木材は、全てスギであることが明らかにされている。

また、出土遺物の表面に船が描かれているものもある。たとえば、福井県から出土している銅鐸(弥生時代中期)には、ゴンドラのような形態をしている船が、四艘表現されている。また、奈良県の唐古遺跡(弥生時代中期)や岡山県の足守川加茂遺跡(弥生時代後期)などから出土している土器の表面にも船が描かれており、そこには、複数の櫂や船に乗っている人間なども読み取ることができる。

古墳時代の船

古墳時代になると、船自体の出土よりも船形埴輪や木や土で形づくられた船形の遺物、装飾古墳に描かれた船などが多く確認されるようになる。まず、船形埴輪については、大阪府の高廻り二号墳や宮城県の西都原古墳群一一〇号墳などから出土しており、高廻り二号墳の船は、準構造船を精巧に表現している。次に、木や土製の船形の遺物は、石川県の漆町遺跡などから確認されており、祭祀具の一つとして用いられていたと考えられている。また、福岡県の沖ノ島祭祀遺跡からは、奈良時代の遺物とされる滑石製の舟形品も出土している。

福岡県に在る鳥船塚古墳の石室の奥壁には、ゴンドラ状の船のほかにも鳥や櫂を持った船頭が読み取れる。この描かれている船については、船の先頭付近にある縦横二本ずつの線刻を根拠として、船が船着き場に到着した様子を描いているという指摘もある。

75

紙

非常に貴重だった紙

古代日本における紙

従来、『後漢書』には、一〇五年に蔡倫が麻布のぼろや魚網を用いて紙をつくり、和帝に献上したという記載があることから、蔡倫が紙の発明者と考えられていた。しかし、中国で紙がより古い時代の遺跡から確認されてきたため、現在では、紙の発生を前二世紀頃としている。

日本に紙がもたらされたのは、六一〇年のこととされ、高句麗の僧曇徴によって伝えられたということが、一般的にいわれているが、曇徴以前の帰化人よるといった意見もある。いずれにせよ、紙は、おおまかにいうと中国大陸から朝鮮半島を経て日本へと入ってきたようである。その後、律令制下では、中務省の図書寮が管轄している製紙場で紙すきがおこなわれる一方で、越や美作などといった地方でも、紙は生産されていた。『延喜式』には、平安京に紙屋院の設置や紙を税の一つとして貢納する国々などが記載されており、平安時代には全国規模で紙が生産されていたことがわかる。

古代の日本で作られていた紙には、麻紙や楮紙、雁皮を原料とした斐紙といったように、原材料の違いで分けると三種類あったといわれている。また、この時期にはすでに、多彩な色に染められた紙や金銀箔によって装飾加工を施された紙もあった。紙の利用については、公文書や戸籍などのほかに、写経や和歌にも用いられた。

世界におけるさまざまな書写材料

それでは、紙が発明される以前、もしくは紙と同時に使用されていた書写材料には、いったいどんなものが存在していたのであろうか。まず、最も有名なものとして、古代エジプトで使われていたパピルスがあげられる。これは、ナイル川の岸辺に茂るパピルスの髄を薄くはぎとり、それをシート状に乾燥させたものである。次にあげるのは、パーチメントとよばれるものである。これは、皮紙ともよばれ、山羊や羊などの動物の生皮に文字を書いていた。また、インドやタイには、貝多羅《ばいたら》とよばれる、オオギヤシなどの葉柄を利用した書写材料があり、経文の製作に用いられた。そのほかにも、樹皮を原材料としたものや粘土版、石なども、文字を書かれる役割を担っていた。

日本から近い地域の中国では、三足の青銅器の内面に文字が刻まれていたり、動物の骨や亀の甲羅に文字を彫ったものなどをみることができる。また、木や竹の札を複数枚ひもで綴った木簡・竹簡なども中国の遺跡から出土している。木簡は、日本の遺跡からも出土が多く、確認されており、近年は朝鮮半島からも出土が確認されて始めている。

76

時刻

昼と夜は別だった？

昼と夜

古代の人々は、一日のうちの昼と夜とを別々の時間帯に区別していた。たとえば、『古事記』にあるヤマトタケルと御火焼（篝火を焚く役）の老人との問答歌で、ヤマトタケルが「新治・筑波を過ぎて何晩寝たであろうか」と歌ったのに対し、御火焼が「夜では九日、昼では十日になります」と答えていることからも推測できるように、昼と夜とは別々に数えられていたようだ。

また、『日本書紀』崇神天皇十年条には、有名な箸墓伝説がある。ここでは、夫である三輪山の大物主神が昼は姿を見せず夜にしか訪れない様子や、朝になると蛇に姿を変えてしまう様子が記述されている。その姿に驚き、夫に恥をかかせてしまったことを悔いた妻の倭《やまと》迹《と》迹《と》百襲《ひももそ》姫は自らの陰部を箸でついて死んでしまうのだが、この墓は日中は人が作り、夜は神が作ったとされている。

これらのことはとりもなおさず、古代人の時間感覚として昼は人間の時間であり、夜は神が支配する時間として認識されていたことを表していると言えよう。

古代の時計

古代人たちはどのようにして時刻を知っていたのであろうか。先述したように、時計のない時代には、太陽の動きによっておおよその時間を把握していたようである。しかし、それでは正確な時刻は知れない。官僚制を敷き、様々な実務を行っていくためには、やはり正確な時間を知り、それに則った生活を送る（送らせる）必要がある。そのため、漏刻《ろくこく》という水時計を使用するようになる。これは、水を流すことにより容器内の水位を変化させ、それによって時刻を知る装置である。もとは中国で発達して、日本では斉明六年（六六〇）に中大兄皇子（後の天智天皇）が初めて作ったとされている。初めて漏刻を使用したのは十一年後の天智十年四月二十五日条に記載されているが、この日付を太陽暦に換算すると六月十日になるということから、大正九年にこの日を「時の記念日」として制定している。

令制下においては、陰陽寮に漏刻博士がおり、守辰丁《ときもり》を率いて管理し、時刻を知らせた。漏刻博士は従七位に相当し、二名が定員とされた。博士の指示により守辰丁《ときもり》が鐘鼓を打ち、時刻を知らせた。長年、『日本書紀』の記述のみでどのようなものかは不明であったが、昭和五十一年、奈良県明日香村で水落遺跡が発掘された。七世紀中ごろの遺跡であり、黒漆塗りの木箱・木樋・銅管などの設備が残っていた。現在では、これが斉明紀にある漏刻の遺構と推定されている。

77

日付

カレンダーと役人のタイムスケジュール

暦の導入

暦は中国から朝鮮半島を通じて日本に伝わった。大和王権は暦を作成するための暦法や天文地理を学ぶために百済僧の観勒を招き、飛鳥時代の推古一二年（六〇四）に日本最初の暦が作られたと伝えられている。

暦は朝廷が制定し、律令制下では、中務省に属する陰陽寮がその任にあたっていた。陰陽寮は暦の作成、天文、占いなどをつかさどる役所であり、暦と占いは分かちがたい関係にあった。例えば、平安時代になると、節分の元となった追儺《ついな》などの宮中における年中行事や、日常生活では物忌みなどの禁忌が存在していたが、これらは陰陽寮が定める具注暦によって知ることができる。当時の人々は日々この暦に従って生活していたのである。

役人の一日

古代においては、時刻を知るために漏刻を用いていた。これを管理し、都の住民に時刻を知らせる役割を担っていたのは陰陽寮であった。陰陽寮の守辰丁《ときもり》という役職の人間が鐘鼓を打ち、毎時を報知していた。古代において、役人はどのようなタイムスケジュールで仕事をしていたのだろうか。また、現代と同じように残業などはあったのであろうか。古代の役人の一日をおってみよう。

一日の始まりは日の出前である。まず諸門が開かれ、日の出後に大門が開かれる。その際、始めは弱く、次第に強く、十二回太鼓がたたかれる。それが二度繰り返されると門が開かれる。門が開かれるのを待って中に入り、それぞれが所属している組織（省）に向かう。時刻が過ぎてしまうと門が閉じられてしまい、欠勤扱いとなってしまう。この時間帯には門前に人だかりができ、混雑していたようだ。

正午前には再び太鼓が鳴り、大門が閉じられる。これが終業の合図となる。門の開閉をする時刻は季節によって異なる、夏至の日であれば、午前四時半に出勤し九時半ごろ退勤。冬至の日であれば、午前六時半ごろに出勤し、十一時半ごろに退勤となるので、勤務時間としては早朝から午前中の五時間ほどが規定されていた。

しかし、終業時刻に全員が帰宅できたわけではなく、下級役人の中には日没後に諸門が閉じられるまで残業に追われる者もいたようである。夏至の日であれば日没は午後七時過ぎなので、一日十五時間というかなりの時間になる。その他、宮中や役所に泊まって警護する宿直《とのい》につくの者もいたので、古代の人々も決してのんびりした生活をしていたわけではないことが分かる。

78

年号

大化からつづく日本の年号

年号の使用

日本で初めて使われた年号は、六四五年に相当する「大化」であるとされている。これは乙巳の変から起こる大化改新の年号として有名である。けれども、これに遡る時代でもいくつかの年号の使用が見られる。これら一部で見られる年号は公的な年号に対して、私年号と呼ばれる。

これら私年号の多くは後世に作られたものであると考えることができるが、いくつかの年号は実際に使用されていた可能性も高い。例えば「法興」などは法隆寺の仏像の記年名に見られることなどから一定の認識があったものであろうと考えることが出来る。

年号の認識

古代の年号は、広く知られていたのであろうか。納税に使われた木簡である荷札木簡に年号の使用が見られることから文字を書く能力を持っていた人びとは年号の認識をある程度持っていたものと考えることができる。そもそも年号が使われ始める以前の年認識としては、干支《かんし》が使用されていたが、干支は六十年に一度くりかえすため西暦とは異なって必ず特定の年を表せるものではない。そのため年号との併用によって年を表すことが、重要となってくるようになり、中国や朝鮮で使われてきた年号を日本に導入して使うようになってきたとされる。ただし木簡に見られる年号は最古のもので「大宝」であるためそれ以前の年号については実在を疑われることもある。

大化から大宝までの間は朱雀や白鳳などの年号が見られるが、飛び飛びで見られることやひとつの表記に統一して見られないことから、実在については若干の疑問視がなされている。しかし、いずれにしても西暦七〇一年に大宝の年号が立てられて以来、現代の平成まで途切れずに年号が続いている。

八世紀までの古代の年号

大化	645〜650年
白雉	650〜654年
朱鳥	686年
大宝	701〜704年
慶雲	704〜708年
和銅	708〜715年
霊亀	715〜717年
養老	717〜724年
神亀	724〜729年
天平	729〜749年
天平感宝	749年
天平勝宝	749〜757年
天平宝字	757〜765年
天平神護	765〜767年
神護景雲	767〜770年
宝亀	770〜781年
天応	781〜782年
延暦	782〜806年

※白雉・朱鳥は別名も多い

地誌

残された古代の『風土記』

風土記の作成

古代の地誌というと、まず『風土記』が思いうかぶ。七一三年に国々を対象として作成の命令が出された。どのようなことを記せと命じられたかというと、

①地名に好字をつけること。
②産物の名前を列挙すること。
③土地の状態を記すこと。
④山・川・原・野の名称由来を述べること。
⑤古老が伝えている伝承を記録すること。

の五項目が要求された。興味深いことは、『続日本紀』にみられるこのときの命令には、『風土記』という書名はまったくみられない点である。したがって、命令を受けた諸国では、下級官司から上級官司へ指し出す文書形式である解《げ》（文《ぶみ》）という様式を使って、中央政府の要求に答えたと思われる。『風土記』という書名が用いられるようになるのは、平安時代の初期からといわれている。

五風土記と逸文

『風土記』は、奈良時代に六〇あまりの国々から提出されたと考えられるが、その多くは現在、失われてしまい、わずかに常陸・出雲・播磨・肥前・豊後の五か国のものがまとまった形で残されているにすぎない。

その中でも、『出雲国風土記』は、内容がほぼ完全に残されていることが注目される。奥書もあって、それによると天平五年（七三三）二月三〇日に作られたことがわかる。作成の命が出されてから、ちょうど二〇年後ということになる。

成立年代がわかる『風土記』は出雲のみであるが、五風土記のうち、常陸と播磨は作成の命令が出されて数年のうちに作成されたといわれており、肥前と豊後は、出雲とほぼ同時期の完成とされている。

また、五か国以外の『風土記』はというと、武蔵などのように一文字も残っていないものもあるが、『釈日本紀』などの書物に引用されてわずかながらも姿を留めているものが四〇か国あまりある。これらは総称されて逸文とよばれている。逸文は分量も少なく断片的であるが、浦島子伝承（丹後）や羽衣伝承（近江など）、蘇民将来伝承（備後）といった興味深い内容のものも多い。

法律

律・令・格・式

律と令

律令国家の根幹は、律と令である。律・令ともに中国から導入した法体系である。律は刑法であり、令は一般の行政法である。日本の古代国家は、主に唐の律令を手本とし、それを日本の実情に合うように修正した。律はおよそ五〇〇条からなり、令はおよそ一〇〇〇条からなる。日本において、律令が編纂されたのは六六八年のこととされる。天智天皇による近江令である。しかし、これは現在まったく伝わっておらず、制定・施行をめぐって疑問視する説も多くみられる。

ついで飛鳥浄御原令があげられる。天武天皇によって制定され、持統天皇によって六八九年に施行されたとされる。しかし、これもまったく現存しておらず、律の制定・施行を認めない説などがある。

七〇一年には大宝律令が制定され、翌年に施行された。ついで養老律令が七一八年に制定され、七五七年に施行されたが、制定年については疑問視する説が強い。大宝律令も法典そのものは残っておらず、『令集解』に引かれた古記などによって逸文が知られるのみである。養老律令は、律の一部のみが残されているだけであるが、他の律についても『唐律疏議』と対照することでおおむねを知ることができる。令についても、養老令の注釈書である『令義解』・『令集解』からその大部分を知ることが可能である。

　この他に、延暦年間（七八二〜八〇）に施行された删定律令もあるが、これは養老律令の条文にみられる矛盾を解説したものである。

格と式

法規定は時代と共に修正が必要になってくるが、日本では九世紀以降になると、律令の編纂はおこなわれなくなる。かわって多くの格と式が制定されるようになる。格とは、補足法令であり、式とは施行細則であり、これらは、弘仁・貞観・延喜の時代にそれぞれまとめられ、三代格式と総称される。

　まず、弘仁格式であるが、八三〇年に施行されたが、さらに改訂が加えられ、八四〇年に完成形として施行された。貞観格式は、格は八六九年、式は八七一年に制定・施行された。延喜格式は格が九〇八年、式は九六七年に施行された。これらの三代格式のうち、法典そのものが残されているのは、三代の交替式、弘仁式の一部、貞観儀式、延喜式であり、とりわけ延喜式が現存していることの意味は大きい。

印章

ハンコの文化は古代から

中国における印章の変遷

日本の印に影響を与えたのは、中国の印章制度といわれている。中国では、春秋戦国時代以降、すでに官印・私印を用いた制度がみられる。また、秦代になると皇帝に「璽」字を、臣下には「印」字の印章を用いることが定められ、材質なども異なっていた。

そして、漢代になると印章制度が、本格的に整備されていき、皇帝と官僚といった階級の差や官の高下によって印の材質や紐式、印綬が異なっていたことも明らかにされている。たとえば、皇帝の印は、玉で作られているのに対して、そのほかの印は、金・銀・青銅などを用いてつくられている。また、最初は封泥に使用するため文字を陰刻していたが、紙の普及により文字を陽刻する印が多くなっていくことが指摘されており、印の使用方法と形態について時代的変化がみてとれる。封泥というのは、木札や竹札に文字を書き、それらをまとめ縄などで縛り、結び目に粘土塊をつけ、その上から押印したものをいう。

天明四年（一七八四）に福岡県の志賀島で発見された金印も「漢委奴国王」の五文字が陰刻されており、漢代の封泥を踏まえてつくられていると考えられているが、実用された形跡はない。

日本における印章の変遷

日本で現存する最古の印は、建武中元二年（五七）に光武帝が倭の奴国王に下賜したとされる「漢委奴国王」の金印である。そのほかにも、景初三年（二三九）に魏帝が卑弥呼に与えたとされる「親魏倭王」の金印が有名であるが、発見はされていない。

日本における官印制度の成立は、七〇一年に制定された大宝律令からといわれている。用いられた印には、天皇御璽の内印や太政官印の外印、式部・宮内などを含む八省や司などの諸役所の諸司印、そして各国で用いた諸国印があった。

また、古代の公印は、律令官司の典鋳司や鍛冶司などで製作されており、材質は全て青銅製である。そのほかにも、内印は方三寸、外印は方二寸半、諸司印・諸国印は方二寸と定められていたことが、『養老令』の記載からわかっており、権威の強さを印の大きさで表していたことがわかる。

また、七五八年に藤原仲麻呂が恵美押勝の名を賜り、「恵美家印」の使用を許されていたことが、『続日本紀』にみえる。さらに、各地から私印の出土も確認されており、古代における私印の存在も明らかになっている。

そして、中世以降になると官印自体の数は極端に少なくなり、その代わりに花押がその役割を引き継ぐことになる。

植物

衣食住に活用された植物

古代の植物

古代に見られる植物がどのようなものであるかはその痕跡を見つけることが重要となってくる。それは食料として食べられていたものが残って化石化したものや、税として納められていたものが書類として残っている。また樹齢が一〇〇〇年を超える木々などは、古代から生えているということになる。例えば世界遺産で知られる屋久島の「縄文杉」などは樹齢一〇〇〇年を超えるものが縄文杉と呼ばれることになっており、縄文時代から生えているとは限らないが、古代から生えていたということは間違いなく、このように杉などの一部の木は古代から現代まででそのまま残っている物があるといえることが出来る。

また、古代にどんな植物が生えていたのかを知る方法としては、プラントオパールがある。これはイネ科に含まれる「プラントオパール」という成分が土壌にどれぐらい含まれているか否かを検出することで、そこでイネ科の植物が生育していたことがわかる。このプラントオパールはその植物の種類によって形が違うので、具体的に稲が育てられていたことを特定することもでき、そこに田が置かれていたこと（稲作が行われていたこと）を確認することができる。

これにより他の痕跡を発見することもできる。これらを含め人間が農業生産物として育てていた植物に関しては、その残滓が土器の中から発見されるなど、痕跡が残りやすい。

植物の活用

古代の遺跡などに遺物として残っている食痕から見ると、様々な木の実が食べられていたことがわかっており、そこからクヌギやシイなどのドングリ類やクルミなどの木の実をつける樹木の存在がわかる。時代が下り租庸調の時代になると、地域の特産物を税として納めるところの調では繊維製品や海産物を納めることになっており、繊維製品としては麻布・栲布がとして納められ、その原料となる麻や、栲と呼ばれるカジノキなどの存在が明らかになっている。海産物としての植物としては、海藻類のワカメやノリがあげられる。これらの海藻類は現代と同じように乾燥させることによって保存がしやすく、かつ運搬がしやすいという理由で、税として活用されていた。古代における植物の使用としては、そもそも竪穴住居の屋根も植物によって作られている、そして繊維製品としての使用が重要であった。庶民の服は原則麻であると決められており、麻の服を着ているのが普通であった。古代が終わると様々な服の素材が使われるようになっていくが、獣毛などが日本ではあまり活用されていなかったため、古代における繊維製品の素材としては植物であったということが出来る。

イヌ

原始・古代から良きパートナー

縄文時代のイヌ

日本におけるイヌの存在は、縄文時代からすでに確認されている。最古の出土事例は、神奈川県の夏島貝塚や愛媛県の上黒岩岩陰遺跡があげられ、ともに縄文時代早期に相当する。イヌの出土件数については、前期・中期と少ないが、後期・晩期になると増加していく傾向がみられる。また、縄文時代のイヌの体高は、三〇から四五㎝程度であったことも明らかになっている。縄文時代におけるイヌは、埋葬された状態で確認されることが多く、人間との関係が深かったと考えられている。

イヌの用途については、食用や愛玩などさまざま考えられているが、基本的には狩猟犬として用いられていた。その根拠に、出土するイヌの中には、足の一本が骨折していたり、一部の骨と骨が癒着しているものなどが確認されていることがあげられ、それらは狩猟中の怪我によるものとされている。加えて、肋骨が治癒したイヌもいることから、狩猟犬として役に立たなくなったイヌも、大切に扱われていたようである。

また、遺跡から出土するイヌ形土製品の中には、イヌが吠えているような作りになっているものもあることから、縄文時代のイヌには、狩猟犬以外にも、集落をまもる番犬の役割もあったことも推測されている。また、首輪の意匠がないことから、縄文時代のイヌは放し飼いだったことも指摘されている。

弥生・古墳時代のイヌ

弥生時代のイヌは、縄文時代のイヌとは形質的に差がみられ、出土状況に関しても、骨が散在する状態で確認される場合が多く、ほとんど埋葬された事例はみられない。このことから、縄文犬とは様相を異にしている。加えて、解体痕のある骨が少量ながらみられることなどから、弥生時代のイヌは、狩猟犬としてではなく、主に食料として飼育されていたことが指摘されている。

また、古墳時代のイヌについては、骨の出土事例が少なく不明な点が多い一方で、イヌの埴輪やイヌに関連した史料は、いくつか確認することができる。たとえば、群馬県の古墳からは、鈴のようなものを付けた首輪をまき、口を半開きにし、舌を出している犬形埴輪が出土している。また、『播磨国風土記』には、応神天皇が飼っていた「麻奈志漏《まなしろ》」という名前の白いイヌが登場してくる。内容は、このイヌが、天皇との狩りの途中に猪と戦い命を落としてしまい、そのことを悲しんだ天皇は、死んでしまった飼い犬に対して墓をつくったというものである。

84

ネコ

古代からの愛玩動物

考古資料から見たネコ

現在、ネコは最も人気のあるペットの一つとしてあげられ、家族の一員としてネコを迎え入れている人も少なくない。列島内におけるイエネコの最古の事例としては、長崎県壱岐市のカラカミ遺跡の事例といわれている。この遺跡から、弥生時代中期頃のネコの骨が出土している。出土した骨の中には、脛骨や大腿骨片などがあり、だいたい一歳半から二歳のネコのものであったこともわかっている。他にも、中世の事例であるが、福岡県の博多遺跡から刃物による傷痕が確認できるネコの骨が出土している。

また、近世の武家屋敷や町屋跡からも、ネコの骨がよく確認されている。たとえば、大名屋敷で知られる東京都の汐留遺跡では、ネコが丁寧に埋葬されており、ネコに愛情が注がれていた様子を読み取ることができる。

そして、近年では、出土する骨意外からもネコの存在が確認されている。それは、出土遺物についた足跡である。兵庫県姫路市にある見野六号墳から出土した須恵器坏身の内面に哺乳類の足跡が確認されている。この古墳は、六世紀末から七世紀初頭に築造されたと考えられている。そして、イヌやタヌキなどの他の哺乳類の足跡と比較した結果、どうやら確認された足跡は、ネコのものである可能性が高いことがわかってきている。

史料の中のネコ

文献資料の中にみられるネコに関する最古の記載は、日本最古の仏教説話集で、平安時代初期に成立した『日本霊異記』とされている。また、宇多天皇の日記として知られる『寛平御記』(八八九年)の中に、飼っていた黒ネコの記載がある。そのほかにも、一一世紀初めころに成立したとされる紫式部の『源氏物語』や一四世紀頃に描かれた『石山寺縁起絵巻』の中には、紐で繋がれたネコを確認することができる。とくに、『石山寺縁起絵巻』の中に描かれているネコは、虎縞模様の身体で、目は青緑色をしている。このネコは、目の色などの特徴からシャムネコの可能性が指摘されている。

また、一二世紀から一三世紀頃に描かれ、日本最古の漫画と称される『鳥獣人物画』には、烏帽子をかぶり、二足で立っているネコが登場しており、一般的なイメージとは異なったネコがそこにはみてとれる。また、江戸時代には、化け猫の怪談などが民衆の中で流行りとして広まっていくとされ、ネコには、愛玩されるものといった一面のほかに、奇妙なもの・不気味なものというような別の一面もあったようである。

85

家畜

発掘調査でわかる家畜化された動物

家畜化の手がかり

動物が人間によって管理・飼育されていくと、骨格などに形質的変化がいくつかみられるようになり、野生種と区別ができるようになる。

いくつか例をあげると、まず、行動範囲が野生のときより狭く制限されることによって、体格が小型化していくことがあげられる。二つ目として、管理・飼育されている動物には、野生種よりも柔らかい餌が、安定的に与えられる。その結果、顎などの骨の退化や歯の形質的変化などがみられるようになる。三つ目は、家畜化された動物は、野生種よりも骨折などの怪我を治癒した痕跡を骨に残しやすいことである。四つ目としては、家畜化にともない、若い個体の生存率が高くなることが指摘されている。事実、野生において、生後二年以下の動物たちの生存率は、飼育されている動物たちと比べ、驚くほど低い。そのため、一つの遺跡から多くの若い動物の骨が出土した場合には、それらの動物たちが人間によって管理・飼育されていた可能性が高いと考えられている。そして、これらの点を手がかりとして、発掘調査などによって確認される動物の骨をみていくことにより、原始・古代の日本列島における動物たちの様子の一端を明らかにすることができるのである。

古代のウマ

ウマが確実に飼われていた事例というのは、山梨県の塩部遺跡といわれており、四世紀後半頃のことである。また、それに対してさらに古い時代までさかのぼる可能性があるとする意見もある。

古墳時代のウマは、さまざまな考古遺物からみることができ、五・六世紀を中心として増加していく。たとえば、切りそろえられたたてがみを生やし、四本足で直立したウマの埴輪や古墳の石室などから出土するきらびやかな馬具などがそうである。ほかにも、福岡県の王塚古墳（六世紀中葉）では、石室の壁面に三角文や蕨手文などのほかに騎馬像が描かれている。

ウマの用途としては、運搬や土木作業の労力、騎馬などが考えられている。また、解体痕のあるウマもいることから、資源としても利用されており、肉の食用をはじめ、皮はひも、骨は道具の素材として利用されていたことも推測されている。これらのほかにも、千葉県の大作31号墳のように、ウマが殉殺された事例もある。円墳の周溝に付属する形で穴が掘られており、その中に馬具を装着したウマが首を切られたのち、放り込まれている。少し残虐な感じもするが、この行為については、死者への鎮魂を意味するものと考えられている。

古代におけるウシとブタ

日本におけるウシの存在は、岩手県の花泉遺跡から更新世の動物化石が確認されているが、一般的に、牛の渡来は古墳時代と考えられている。古墳時代の事例は、奈良県の南郷遺跡（五世紀代）などがあげられる。また、古墳時代におけるウシの様子を知る手がかりとして埴輪がある。ウシの埴輪は、大阪府の今城塚古墳（六世紀前半）や奈良県の羽子田1号墳（六世紀前半）などで確認されているが、ウマの埴輪などに比べ出土数が少ない傾向がある。古墳時代以降のウシの利用方法に関しては、食用や荷物の運搬、農耕などが考えられている。加えて、ウシは、乳からチーズなどの乳製品、皮からひも、骨から道具といったように資源としても利用されていたことが指摘されている。

次は、ブタであるが、これは野生のイノシシが家畜化したものである。現在では、ブタの飼育の開始を縄文時代からとする一方で、本格的な家畜化は弥生時代からという意見が有力になってきている。縄文時代での飼育の根拠は、八丈島などの本来イノシシが生息していない土地にある遺跡から、骨が確認されていることである。ほかにも、人間の墓域内で若いイノシシが埋葬されている事例などもあり、人間とイノシシとの間には、深い関係性が推測されている。弥生時代になるとブタの確認件数が増加する。また、古墳時代から奈良時代においては、猪養《いかい》部《べ》といったブタを飼育する専門集団もいたことが知られている。ブタの利用方法については、主に食肉としてであったとされている。

考古遺物にみられる動物たち

考古遺物の中には、動物が描かれているものや動物を形作ったものがある。線で動物を描いたものには、銅鐸があり、シカ・イヌ・トリ・魚・ウミガメ・カマキリ・カエル・トンボなど、さまざまな動物が描かれている。また、土器の表面にシカやトリといった動物が線刻されているものも確認されており、それを絵画土器とよんでいる。

動物を形作ったものとしては、トリ形の土製品や木製品などがあり、加えて、トリ形のつまみをもつ須恵器の蓋も確認されている。また、当時の人々は、動物たちには何がしかの霊力が宿っていると考え、動物の意匠をこらした遺物を使用することによって、さまざま意味合いを持たせていたことが推測されている。たとえば、カエルやヘビには多産、トリには霊魂の運搬者、シカには豊穣トンボなどの水辺の動物には豊作といったようにさまざまな願いが込められていたと考えられている。

天皇

「万世一系」のなぞ

大王から天皇へ

『古事記』や『日本書紀』によると、神武が大和の橿原宮で即位して、初代天皇になったと記されている。紀元前六六〇年二月一一日のこととされ、以来、天皇家によって「万世一系」が保たれたということになっている。

しかし、現在では、神武天皇から九代目の開化天皇までは被実在とする見解が強く、他の天皇に関しても、実在性が疑問視される天皇も存在する。

そもそも、天皇という称号についても、七世紀後半の天武・持統朝において使用されるようになったもので、少なくてもそれ以前のヤマト政権では大王《おおきみ》と称されていたとされる。その称号の由来については、中国の古典にあるというのが通説である。すなわち、『枕中記』などの道教の経典や『旧唐書』が出典であり、それを進んだ中国文化受容の一環として日本がとり入れたというのである。ちなみに、日本という国号も天武・持統朝に採用されたとする説が有力である。

天皇家の一貫性をめぐって

『古事記』はその叙述対象である神武から推古までを、『日本書紀』は神武から持統までを同一の系統、いわゆる「万世一系」であるとしている。しかし、この点に関しては、異論を唱える学説も有力である。

すなわち、三輪王朝や河内王朝の存在を認めるのがそれである。こうした王朝の交代を戦後すぐに体系化したのが水野祐博士のいわゆる三王朝交替説である。これによると、最初の天皇(大王)は、十代目の崇神天皇とされる。この王朝は仲哀天皇まで続くが、そのあとの応神天皇は、別の王朝ということになる。応神・仁徳と続くこの王朝は武烈で終わりとなる。そして、次の継体天皇からは、また異った王朝が立つというのである。

継体は、六世紀初頭の大王であり、この系統が現在の天皇家に直接つながることになる。崇神は十代目の天皇なのに、神武と同じく「ハックニシラススメラミコト(初めて国を統治した天皇)」という名をもっていたり、仲哀と応神の間、また、武烈と継体の間にはたしかに皇位継承をめぐって不自然さがいくつも目立つ。こうした点から、三王朝交替説は有力な学説とされたが、現在は王朝の交替とまでは考えなくてもよく、むしろ王統の交替とみた方がよいともいわれるようになっている。

位階

冠位から官位に

冠位制から官位制へ

古代において位階制は推古十一年（六〇三）に制定された冠位十二階によって始まり、当初はその冠および衣服の色によって自らの位を表した。その後階数は徐々に増えていき、大化三年（六四七）に十三階、大化五年（六四九）に十九階、天智三年（六六四）に二十六階、天武十四年（六八五）には六十階にいたった。そして大宝元年（七〇一）には大宝律令の成立と共に、物質的な冠《こうぶり》を授けられる「冠位」から、名誉的な位記を授けられる「官位」へと推移した。

位階の種類

この大宝元年の位階制は、親王と諸王、諸臣に対して品位四階・官位三十階・外位二十階と、勲位十二階の位階が各々与えられた。

品位《ほんい》は一品から四品の四階であり、天皇の兄弟姉妹・皇子皇女にあたる親王に限って与えられた。その他の皇族である諸王と、諸臣には、正一位から少初位下までの官位三十階が与えられた。ただし諸王の最下位は従五位下とされており、全十四階であった。

　これらは外位に対して内位と呼ばれ、主に戦功によって与えられる勲位（武位）に対して、文位とも呼ばれた。

　傍系系列となる外位は外正五位上から外少初位下まで内位に沿った二十階で授与の対象は主に、地方官人の郡司・国博士・医師、帳内・資人などであった。

　勲位は、内位・外位と同時に属することができた。一等から十二等までの十二階で内位との比当は官位令に規定されているが、官職との相当関係はなかった。勲位は、基本的には武功によるものであり、もっぱら蝦夷・隼人といった辺境征討関係者に与えられた。

冠位一覧表

大宝令・養老令位階			
親王（品位）	諸王・諸臣（内位）	諸臣外位	勲位
一品	正一位		
	従一位		
二品	正二位		
	従二位		
三品	正三位		勲一等
	従三位		勲二等
四品	正四位上		勲三等
	正四位下		
	従四位上		勲四等
	従四位下		
	正五位上	外正五位上	勲五等
	正五位下	外正五位下	
	従五位上	外従五位上	勲六等
	従五位下	外従五位下	
	正六位上	外正六位上	勲七等
	正六位下	外正六位下	
	従六位上	外従六位上	勲八等
	従六位下	外従六位下	
	正七位上	外正七位上	勲九等
	正七位下	外正七位下	
	従七位上	外従七位上	勲十等
	従七位下	外従七位下	
	正八位上	外正八位上	勲十一等
	正八位下	外正八位下	
	従八位上	外従八位上	勲十二等
	従八位下	外従八位下	
	大初位上	外大初位上	
	大初位下	外大初位下	
	少初位上	外少初位上	
	少初位下	外少初位下	

※ 品位・内位・外位・勲位の相当関係は名称上のものであり、実際の位階の上下関係とは左右相当しない。

環境

技術の進歩で環境に適応

古代の自然環境

古代の自然環境としては、まず気候の変化が注目される。木材の炭素同位体の分析などから、推定される古代の気温の変動は、古代では全般的に寒冷な気候が続いていたとされる。三世紀中ごろから八世紀前半にかけて古墳寒冷期とも呼ばれる長い寒冷期があり、それに続く八世紀前半から一三世紀終盤にかけては比較的温暖な気候が続くこととなる。もっともこの期間の中でもやや温暖な期間や、低温化が顕著な期間などもあり、気候の変化はかなり激しかったと考えられている。気候環境の変化などによる海面の変化では、縄文時代に大きく海面上昇が進み、海域が拡大していった「縄文海進」があり、その後弥生時代には大幅に海域が減少する海退が起こり、平安時代にはまた少し海進が起こり現代につながる海域ができていった。

生活環境の変化

古代においては、寒冷期ではあっても稲作などの農耕は人間の活動の進歩にともなって、大きく進行する時期となっていった。多くの湿地が土木技術などの発展によって灌漑が進められ、耕地化していった。さらに鉄製農具の使用の一般化などによって、農業は大きく発展していき、採集や狩猟に適した土地に住居を構えるという状況から、耕作に適した土地に住居を構え、居地の周囲に耕作地が作られていくといった状況に変化していった。

こうした変化は、山野での狩猟採集が山野の自然を取り入れて食料を手に入れる、自然に対して受け入れて生活をするといった環境であったのに対して、それが耕作の開始によって耕作に適した水辺の低地に住居を構え、そこを開発して耕作地としていく、自然を利用する環境へと代わっていった。これはそれまでの狩猟採集の生活が、自らの力で環境を変化させるといったものではなく、そこにある環境から自らの役に立つものを選び取って生活していく、つまり自らが得るものが多い環境に身をおき、そこにある自然の恵みを教授することで、食生活の糧を得ていっていた。それが農業を行うようになったことで、自然環境も受け入れるものから作り出すものへと変化していった。水路を確保し、田を作り、自らの食生活に必要な作物を栽培していく、これは、自然環境を人間の力で働きかけて変えていくということであるとも言え、この角度から考えていくと、古代というのは環境に対して人間が変化を加えていく最初の時代であると考えることも出来る。自然との共存という言葉が、ただ自然を受け入れるのではなく、人間側からの働きかけをすることによって、人間に使いやすいように工夫され、それらの中で人間に適した「環境」への開発が進められていったと考えることができるのである。

90

交通

「駅伝」の語源

五畿七道

律令国家は、大和・山背・河内・摂津・和泉の五か国を五畿とし、その他の地域を七つに区分し七道と称し幹線道路を通した。律令国家は文書主義であり、地方への命令伝達や地方からの文書によっておこなわれていたため、交通制度の整備は不可欠であった。

七道は、幹線道路の名称であると同時にそれを含む地域の呼称でもあった。七道の中で、山陽道と西海道は大路とされ、最も重要視された。次いで、東海道と東山道は中路とされ、他の山陰道・北陸道・南海道の三道は小路と規定された。

古代の道路行政

現代でも箱根駅伝をはじめとして、駅伝とよばれる陸上競技が人気であるが、この「駅伝」というよび名は、古代の道路行政である駅伝制からきている。駅伝制については、大化改新のさいに出された改新詔に駅馬・伝馬を置くことなどが記されているが、詳しい記載がみられるのは、七一八年に制定された養老令においてである。特に、厩牧令や公式令をはじめとして、養老令の中には関係条文が多くみられる。

それらによると、古代には、大きくいって都と諸国の国衙とを結ぶ道（駅路）と国衙と郡衙とを結ぶ道（伝路）があった。駅路はほぼ一直線に造られ、交通の要地や政治的に重要な場所には三関（鈴鹿・不破・愛発）をはじめとする関剗が置かれ、非常のさいの警備にあたった。また、三〇里（約十六キロ）ごとに駅（家）が置かれ、役人の往来に用いられる駅馬が備えられた。駅馬の数は道路によって異なり、大路の駅は二〇疋、中路は一〇疋、小路は五匹を常備するのが原則であった。

海辺・水辺の道路には水駅が置かれた。水駅には、馬の代わりに船を二〜四隻を置くことが義務づけられていた。水駅の例としては、『出雲国風土記』に「千酌《ちくみ》駅家」がみられる。千酌駅家については、「隠岐の渡なる千酌駅家」とあることからも明らかなように、島根半島から隠岐へ渡るための水駅であり、「渡船あり」と記されている。

伝路の場合には、郡ごとに伝馬を五疋置くことが決められており、これらは郡衙に常備されていた。

こうした駅伝制は、平安時代に入ると律令制の衰退と共に維持が困難になり、駅路や伝路をはじめとして再編成がおこなわれるようになる。

91

駅馬と伝馬

馬が中央と諸国を結んだ

律令制以前の駅馬・伝馬

中央政府と諸国の国衙および大宰府とを結ぶ重要幹線道路である駅路に交通手段として配置されたのが駅馬であり、国衙と郡衙とを結ぶ伝路に置かれたのが伝馬である。つまり、古代の第一国道ともいうべき駅路に配置されていたのが駅馬、第二国道に配置されていたのが伝馬ということになろう。

駅馬という言葉自体は、大化改新以前にも『古事記』や『日本書紀』の中にみることができるが、制度的なものではないとされている。大化二年（六四六）に出された改新の詔に駅馬・伝馬を置くということがみえるように、大化改新を契機として、駅馬・伝馬制の必要性が認識されたと思われる。

しかし、駅馬・伝馬制が制度としての形を整えるようになるのは、さらにのちの天武朝に入ってからで、法令として明文化されるのは、文武朝での大宝令（七〇一年制定）によってである。つまり、駅馬・伝馬制は、律令国家のもとで中央政府と諸国とを結ぶ手段として整備されていったのである。

律令制下での駅馬・伝馬

律令国家は、駅路を大路・中路・小路の三つに分け、三〇里（約十六キロ）ごとに駅（家）を設置した。そして、大路の駅（家）には駅馬二〇匹、中路の駅（家）には十四、小路の駅（家）には駅馬を五匹を常備させた。

駅（家）の近辺の戸が駅戸に指定され、駅馬の飼育にあたった。駅（家）は兵部省の管轄下にあったが、実際の運営にあたったのは国司である。駅馬の数に不足が生じたときには民間の馬を買い上げて補充した。

駅馬を使用できるのは、中央から遣わされた幣帛使・朝集使・正税帳使・大帳使などで駅使と総称された。これらの他に、非常の場合の飛駅（馳駅）とよばれる急使もある。飛駅が派遣されるのは、謀叛以上の犯罪が起きた場合や大端があらわれ急ぎ中央政府へ伝えるときなどであり、他に災害・疾病といった緊急を要する事態が起きた際である。

駅馬は駅使を乗せて次の駅（家）まで送るのであるが、このようにして駅使は通常の場合は一日に八駅以上、非常の場合は十駅以上を往来した。これに対して、伝路に置かれた伝馬は、郡衙ごとに五匹ずつ常備された。伝馬は駅馬とちがって、すべて官馬によってまかなわれ、伝子が飼育にあたり、郡司がその運営にあたった。伝馬に乗れる人についての規定は、令には記されていないが、一般の公使や国司などが利用したとされる。

税

重い税負担と脱税事情

基本は租・庸・調

税の重さに泣かされる庶民の姿は現代も古代も同じようである。邪馬台国の状況について、『魏志』倭人伝は、「租賦《そふ》を収む邸閣《ていかく》有り」と記しており、三世紀ごろにはすでに税の制度ができていたことをうかがわせる。

はっきりと古代の税制が知られるようになるのは、律令が制定・施行される奈良時代になってからである。基本的な税としては、租・庸・調があげられる。租は土地税であり、口分田を貸し与えられる代わりに、収穫高の三パーセントを収めた。これは、国々の正倉に保管され、それぞれの国の財源となった。租は、それほど効率とはいえないが、その他の税はそうはいかなかった。庸・調は男性のみにかかるものであり、年令によって差があった。庸は歳役とよばれ、本来は労働役を課された。たとえば、成年男子である正丁は年に一〇日間、都にのぼり労働に従事しなければならなかったが、麻布を二丈六尺収めることで代用できた。調には特産物を納入する税である。

他にも正丁三人に一人の割合で、兵役が課された。また、飢饉に対するための義倉やたねもみの貸し付けである公出挙などもあり、さらに、地方の国司の命によって労働させられる雑徭《ぞうよう》もあった。雑徭は、正丁の場合、一年に最大六〇日間とされていたが、その規定は必ずしも守られていなかった。

税を逃れる方法

重い税から逃れられるため古代でもさまざまな手段がとられた。一番、単純なのは、口分田を放棄して逃げてしまうことであり、浮浪と逃亡の二種類があった。両者の違いはというと、令の規定では、逃げた先が判明しているのが浮浪、まったくどこへ行ったのかわからないのが逃亡ということになる。

庸・調が男子のみであることを利用したのが偽籍《ぎせき》である。生まれた子供を男子であっても女子と偽るのである。したがって、戸籍だけをみると、人口のほとんどが女子という戸が多く出現することになる。

僧侶は税を免除されるということを悪用したのが私度僧《しどそう》である。古代は、僧侶になるためには国家のライセンスが必要であり、戒壇で試験を受けてパスしなければならず、官《かん》（度《ど》）僧《そう》とよばれた。しかし、そうした正式のライセンスを得ることなく、勝手に僧侶になって税逃れをするのが私度僧ということになる。

93

タブー

古代のしてはいけない決まり事

自然に対する恐れ

現代人もおこなってはいけないタブー、言ってはならないタブーなど、タブーには敏感である。その背景には神の存在がみえかくれすることが多い。古代ではなおさらそうしたタブーが多かったと思われる。

『出雲国風土記』の島根郡の加賀神埼に興味深いタブーが残されている。現在、ここは島根半島の東部にあたり、日本海に面した漁港になっている。岬の先端が加賀神埼であり、海水による侵蝕をうけて三方に穴があき、小さな漁船なら出入りできるようになっている。

そして何よりも注目されるのは、ここがサダ大神の誕生地とされていることである。『出雲国風土記』によると、ここでキサカヒメがサダ大神を出産しようとしたさいに、「暗い岩屋だ」といって弓矢で岩屋を射通したというのである。そして、それに続けて『出雲国風土記』は、この岩屋付近を行くときは、必ず大きな声をとどろかせなければならないとし、もしこっそり通るならば神が現れてつむじ風を起こし船を転覆させてしまうと記している。

大声を出して岩屋に反響させることが、中に鎮座する神への敬意になると考えたのであろう。

言ってはいけないタブー

海に関わるタブーをもうひとつ、『播磨国風土記』からみてみよう。それは、揖保郡の神島に残されているタブーである。ここには石神があり、その顔には五色の玉がはめられていた。不思議なことに胸には涙が流れたあとがついていた。なぜこのようなあとがあるかというと、応神朝に新羅の使節が来朝したさいに、この像をみて玉をとり出そうとしたというのである。その結果、こともあろうに石神の顔面を傷つけては片方の瞳の玉をえぐりとった。それで石神は涙を流したというのである。

そのあとが大変なことになる。大激怒した石神は、暴風をひき起こして新羅船を打ち破り、使節の一行をことごとく殺害してしまう。

このことがあって以来、ここを通り過ぎるものは、心をつつしみ、厳重に注意して「韓人《からひと》」とか「盲」とかということは絶対にいわないようにしているというのである。

これも航海安全のためのタブーである。こうした新羅使節の事件が実際にあったのか否かは別として、こうしたタブーを守ることによって、航海の安全を神に保証してもらおうという古代人の切実な願いに他ならない。

犯罪

八つの天津罪と十三の国津罪

八つの天津罪

古代の罪として認識されていたものとしては、大祓の祝詞などにでてくる天津罪と国津罪とがある。

まず、天津罪とはどのようなものかというと、①畔放《あぜはな》ち・②溝埋《みぞう》み・③樋放《ひはな》ち・④頻蒔《しきま》き・⑤串刺《くしざ》し・⑥生《い》け剥《は》ぎ・⑦逆剥《さかは》ぎ・⑧屎戸《くそへ》の八つである。これらのうち、①は田の畔を破壊すること、②は用水路を埋めること、③は用水の樋をとり壊すこと、④は種を蒔いたところにさらに種を蒔くこと、⑤は他人の田にくしをさし収穫権を奪うことであり、いずれも農耕に関する罪といえよう。

⑥は動物の皮をはぐこと、⑦は動物の皮を通常とは逆の方法ではぐこと、⑧は屎をまきちらすことであり、いずれも不浄な行為であり、清浄を第一とする神祇信仰にとって最も忌むべき罪であるといえよう。

①から⑧までの罪は、いずれも高天原で数々の乱暴をはたらいたスサノオ神の行為と共通している。

十三の国津罪

次に国津罪とはどういうものかというと、①生き膚《はだ》断《だ》ち・②死に膚断ち・③おのが母犯せる罪・④おのが子犯せる罪・⑤母と子と犯せる罪・⑥畜《けもの》犯せる罪・⑦畜仆し・⑧蠱物《なじもの》する罪・⑨白人《しらひと》・⑩こくみ・⑪昆《は》う虫の災《わざわい》・⑫高つ神の災・⑬高つ鳥の災の一三である。具体的には、①と②は傷害や殺人で、②から⑥までは近親相姦と獣婚のことで、性的なタブーである。⑦は呪詛で家畜を殺すことで、⑧は人を呪い殺すことである。

⑨は先天的に膚や毛の白い人で、⑩は癩《らい》病のことである。⑪から⑬までは天災で農作物に大きな被害をもたらすものである。

したがって、⑨から⑬までは現代的感覚からいうと犯罪とはいえないものばかりである。それには、これらはなぜ罪とされたのであろうか。そのひとつの考えとして、通常とは異なるものを罪としてきらったといえるのではなかろうか。たとえば、⑩などは伝染病であるが、⑨は病気ではなく、他人に害を与える物ではない。しかし、⑨の外見は通常の人々とは異なっており、このことが罪とされ、共同体から排除されたのである。つまり、同じ共同体、つまり社会の中では、他と同一であることが望まれたわけであり、こうしたことは、単に古代のみに限られたものではなく、中世以降も踏襲されていったと思われる。

95

裁判

古墳がものがたる裁判のようす

呪術的な盟神探湯《くかだち》

古代の裁判法というと、まず思いつくのが、盟神探湯である。文字通り、神に誓って湯の中を探るという、現代のわたしたちにはちょっと想像を絶する裁判法である。

具体的には、かめの中に熱湯を入れ、その中に争う者たちの手を入れさせたり、熱湯のなかに小石や土器片を沈めてこれをとらせたりする。そして、手の焼けただれが少ない方が正しいと判定するのである。盟神探湯の背景には、正しい者には神の加護があり、手がただれることはないという呪術的な発送がある。

『隋書』倭国伝には、早くも盟神探湯の記載がみられるし、『日本書紀』にも応神天皇のこととして、武内宿禰とその弟の甘美内宿禰との間の盟神探湯がみられる他、裁判法として記されている。

盟神探湯が実際におこなわれていたか否かについては意見がわかれるところである。不正をなした者への心理的恐怖を与える手段ともいわれるが、現代でも中国雲南省にはこうした裁判法があるともいわれており興味がひかれる。

裁判の様子

実際にどのように裁判がおこなわれていたのかについては、『筑後国風土記』に興味をひかれる記述がみられる。六世紀の初めに反乱をおこしたとされる筑紫国造磐井についての記載である。磐井に基とされるのは福岡県八女市にある岩戸山古墳であり、ここには石人や石馬が置かれていた。その様子について、古墳の東北の隅に「衙頭《かとう》」とよばれる役所を再現した場があるとしている。衙頭の中には、解部《ときべ》とよばれる落ちつきのはらった姿の石人が一体あり、その前に裸で地面にひれ伏している石人が配置されている。

解部というのは、律令制下において刑部省と治部省に置かれた役人であり、訴訟関係のことがらを扱かった裁判官である。その前にひれ伏しているのは盗人とされる。そのかたわらには、石猪が四頭配置されている。盗人はこの猪を盗んだために捕らえられ、まさに今、罪が決められようとしているというのである。

これらのことが、どれだけ当時の裁判の様子を忠実に再現しているかについてはもちろん慎重な吟味が必要であるが、少なくても古代の裁判風景の一端を描いているといってもよいのではないだろうか。

96

刑罰

古代の重罪「八虐」とは？

律と令

日本の古代社会で刑罰が条文として最初に成文化されたのは律令においてであった。これらのうち、律は刑法であり、令は行政法と大別できる。したがって、律が刑罰規定ということになる。

律令のうち、現在、その様子をうかがうことができるのは、養老律令である。それによると、五刑といわれる笞・杖・徒・流・死の五つの刑があった。それぞれを具体的にみていくと、笞と杖は、尻や背なかをたたく形であり、笞は一〇回・二〇回・三〇回・四〇回・五〇回の五段階であった。また、杖は六〇回から一〇〇回までの五段階であり、都で処分を受けた場合には笞も杖も罪に相当する役所で執行された。地方では笞は郡司が権限をもっていたが、杖は国司に権限があった。

徒は懲役刑で、推古朝まではこうした刑はなかったとされる。中国の影響によるものであり、一年から三年まで半年単位で五段階があった。受刑者は流刑で、近流《こんる》・中流《ちゅうる》・遠流《おんる》の三種類があった。この三種類は、都からの距離の遠近によるもので、たとえば近流の地は越前であり、中流には信濃、遠流には伊豆などがあった。

最も重い刑である死は、絞首刑である絞と、斬刑の斬の二種類があった。つまり、古代の刑罰は五刑であるが、実質的には全部で二〇種あったことになる。全体的にみて、現代よりはずい分とおおざっぱな印象を受けるが、死刑などに関しては、二種類あることが注目される。

重罪である八虐

笞・杖・徒・流・死といった刑罰を実際に受けたのは庶民層であり、貴族や僧侶たちは実刑を受けることはほとんどなかった。

しかし、貴族たち特権階級といえども逃れることのできなかったのが、謀《む》反《へん》・謀大逆・謀《む》叛《ほん》・悪逆・不道・大不敬・不孝・不義の八虐である。天皇に対する罪や国家に対する罪であり、まさに重罪である。

これらは、唐律にある十悪を日本の実状に合うように改変したといわれる。中でも興味深いのは、父母や祖父母をのろったりののしったいるする罪である不孝が入っていることであり、ここには、親には孝という儒教の思想を読みとることができる。このことから古代社会において、儒教が浸透していることがうかがわれ、道徳の基盤になっていたといえよう。

97

公害

公害を避けるため、都が遷された

鎮護国家の象徴としての大仏

奈良を旅行した人なら一度は訪れたことがあるであろう東大寺大仏殿、お目当てはいうまでもなく大仏である。大仏、すなわち盧舎那仏は華厳宗の本尊として天平勝宝四年（七五二）四月九日、聖武太上天皇らの見まもる中、波羅門僧の菩提僊那を開眼師として盛大に開眼供養がおこなわれた。しかし、そこにいたるまでの道のりは決して順調ではなかった。

天平一二年（七四〇）におこった藤原広嗣の乱にさいして聖武は平城京を離れ、五年間、恭仁京・紫香楽宮・難波宮を転々とする。その間、天平一五年に出されたのが大仏建立の詔である。この詔の中で聖武は、天下の政治・経済の実権を握っているのは自分であると豪語し、さらに、その自分が全力で大仏を造るのであるから建立は容易である、とのべている。しかし、実際はそうはいかなかった。

はじめ、紫香楽宮の近くの甲賀寺で大仏造立が開始されたがうまくいかず、天平一九年（七四七）に鋳造場所を現在の地に移して完成した。まさに、仏教によって国家の安泰を願った聖武の思いが具現化したものが大仏といってよいのである。

大仏と公害

その国を守護するはずの大仏が、実は公害の源であり、長岡京への遷都の理由であったという説が近年だされ話題になった。以前から奈良の若草山に木が生えないのは大仏を造るために銅が精錬され、そのとき出た廃液が流されたからだということはいわれていた。しかし、それよりも大仏に施された鍍金のために遣われた水銀が公害のもとだというのである。

現在の大仏は青銅がむき出しになっているが、造立時の大仏の表面が禁が塗られていたとされる。大仏ができるまでの経過をあらためてみてみると、大仏鋳造は天平勝宝元年（七四九）に完成し、その後、天平勝宝四年三月から塗金がおこなわれた。

鍍金のための処理法は、水銀の中に金を投入して合金をつくり、これを大仏の表面に塗ったあと炭火で加熱して水銀をとばすというものであった。そのさいに蒸発した水銀が問題だといわれている。水銀は古代から不老不死をもたらすといわれているが、そのようなことはなく、摂取しすぎて水銀中毒になると人体に大きな影響を及ぼす。このことは、現代の水俣病が記憶に新しい。

大仏の鍍金には『東大寺要録』によると、金一万四三六両（約二一一〇kg）が使用されたという。この大量の水銀が蒸気となり平城京を覆い公害をもたらし、ひいては長岡京への遷都をよぎなくされたというのである。

98

戦争

ムラからクニへの発展

戦争の発生

戦争について、定義がさまざまあると思われるが、単なる殺人とは区別し、多数の殺傷を伴う集団間での武力衝突といった定義付けをおこなっている研究者も少なくない。また、戦争の痕跡を示す考古学的な手がかりとしては、①柵や濠などで集落を囲んだ防御的要素が備わっている集落、②武器、③武器によって殺傷された人骨、④武器の副葬、⑤武器形祭器、⑤戦っている人やその場面を読み取ることができる造形品の存在などがあげられる。

また、弥生時代になると、これらの手がかりが急激に増加していくことを根拠の一つとし、よく戦争の発生と水稲耕作の伝播・発展とを関連づけて考えられることが多い。つまり、農耕が発達することにより、水田の開発に起因する土地・水の獲得や余剰作物の確保・所有をめぐって戦争がおこったと考えられているのである。その一方で、農耕の発展による人口増加に伴う食糧難が、戦争の要因であったとする指摘もある。

また、組織的な戦いを経て、農業共同体の成立や首長層の確立などが生み出されていくことが指摘されており、いわゆるムラからクニへの発展過程を考えるうえで、弥生時代における戦争は、大きな意味をもっている。

戦い方と護り方

それでは、弥生時代の人々は、どのような戦い方をしていたのであろうか。この疑問に対しては、人骨に刺さっていた武器の種類やその割合などを地域単位に比較していったことにより、ある程度の推測がなされている。九州地方以外の西日本（畿内・山陰・瀬戸内）では、おもに弓矢で射かける方法がとられており、相手が倒れた状況であっても至近距離から大勢で矢を射かけてとどめをさしていた可能性が指摘されている。一方、北部九州では、最初に弓矢で射かけた後、剣や矛などを手に持って白兵戦をおこない、そのまま手にした武器で相手にとどめをさしていたとされる。

また、佐賀県にある吉野ヶ里遺跡からは、弥生時代における防戦技術を読み取ることができる。この遺跡では、断面形がV字状をなし、幅二～三m、深さ二mもある濠が確認されている。そのほかにも、重要な場所の脇には、逆茂木が設置されている。逆茂木は、多数の先を尖らせた杭を斜めに設置し、外からの侵入者に対してバリケードの役割をなしていたと考えられている。加えて、弓などの武器や盾を持ち、木などで作った鎧を着た兵士たちが、集落を護っていたとも考えられている。

武器

石製から金属製へ

戦いに用いられた武器

本格的な戦いが始まったとされる弥生時代における武器というと、石製や青銅製、鉄製のものが確認されている。石製の武器は、弥生時代の初期段階からみることができ、磨製石鏃や磨製石剣がある。これらは、朝鮮半島起源のものと考えられている。ほかには、打製石鏃なども武器として用いられていたようである。

次いで、青銅製武器には、細形銅剣・銅矛・銅戈などがあり、弥生時代前期段階に登場してくる。しかし、弥生時代中期後半頃になると、それらは、実戦用の武器から武器形の祭祀品へと役割・用途が移り変わることが指摘されている。なかでも、把頭飾付き有柄細形銅剣などは、出土状況や一緒に出土した副葬品などから、よく首長権の象徴の意味合いが込められていたと考えられている。鉄製の武器には、鏃・剣・矛・戈などがあり、弥生時代前期・中期には確認されている。役割についても、実用品と威信財の両方が考えられている。

また、敵の攻撃から自身を護る道具として、短甲などがある。短甲は、甲の一種であり、弥生時代のものは、木を用いて作られている。役割については、胴体を護るものである。

戦いの犠牲者たち

日本における殺人の最古の事例は、愛媛県の上黒岩岩陰遺跡（縄文時代草創期）のものとされているが、これは戦争とは区別して考えられている。明確に戦争の犠牲者とされる人骨、つまりは殺傷痕のある人骨が確認できるのは、弥生時代になってからである。殺傷された人骨の出土事例は、佐賀県の吉野ケ里遺跡と鳥取県の青谷上寺地遺跡のものが有名である。まず、吉野ヶ里遺跡では、約二九〇〇基にもおよぶ甕棺墓が検出されており、そこから三〇〇体以上もの人骨が確認されている。出土した人骨の中には、腹部に矢を打ちこまれたものや石・青銅でつくられた鏃・剣などが刺さったままの人骨、さらには、全身の骨は残っているが、頭部と一部の骨のみが無いものなどが確認されている。これらは、すべて戦闘による犠牲者と考えられている。

青谷上寺地遺跡では、約一一〇体もの人骨が溝状遺構から出土しており、そのうちの10体分に殺傷痕が確認されている。そして、人骨の出土状況から多くの人間が折り重なるようにして、溝に放り込まれたことが推測されている。また、殺傷人骨を分析した結果、性別の差はなく男女とも、加えて年齢についても一〇歳の子供から三〇歳代の成人までといったさまざまな人々が、戦争の犠牲になっていたことが明らかになっている。

100

災害

古代も地震に悩まされた

地震の国

災害が多くの人々を犠牲にすることは古今東西を問わない。二〇一一年三月一一日、東北を襲った大震災は、いまだわたし達の記憶に新しいところである。

こうした災害は、古代の日本列島でも同様であったと思われる。たとえば、九世紀の日本列島は地震があいついでいた。『類聚国史』をみると、天長七年(八三〇)には秋田を大地震が襲っている。

地震が起きたのは、正月三日の午前八時ごろとされる。秋田城一帯に雷のような大音響がなりひびき、大地震が起きたというのである。

この地震によって、秋田城の施設がすべて倒れ、死者一五人、けが人は一〇〇人にのぼったという。大地が二〇～三〇丈も裂け、河は河岸が崩れて氾濫し、近くの人々は競って山や丘に逃げている。これらの記載は、地震による被害の大きさを、また、連動して起きる津波の早さに逃げまどう人々の姿が目にうかぶ。さらに、『類聚国史』は、余震も多く、風や雪が吹き荒れ、被害状況を正確に把握することもできない有り様であったとしている。

貞観の大地震

二〇一一年三月一一日の大地震との関係がいわれているのが、貞観一一年（八六九）に発生した大地震である。その規模は陸奥国（福島県・宮城県・岩手県・青森県）の広範囲に及んだと思われる。

『日本三代実録』の貞観一一年五月二六日条をみると、そのときのすさまじい様子がいかんなく記されている。

貞観の大地震とはどのようなものであったかというと、まず、大地が大きく震動したという。そして、真昼のような明るさの光がぴかぴかと光った。しばらくして、人々の叫びがみちあふれたが、あまりの地震のすごさに人々は立つことができなかったという。家は倒壊し、そのため圧死者が多数でた。また、地面が大きく裂けたため、その中に落ちる者も大勢いた。馬や牛は驚いて暴走する有り様であった。

多賀城も城郭や倉庫をはじめ施設のほとんどが倒壊した。海は雷のようにほえ声をあげ、津波が押し寄せ、あっという間に多賀城下に達した。津波は海から「数十百里」も内陸をおかし、原野や道路はすべて海と化した。あまりの早さに、人々は船に乗って逃げるひまもなく、山へ避難する余裕もなく、一〇〇〇人あまりの人々が溺死し、すべての財産はおし流されてしまったとあり、津波の恐ろしさをあますところなく伝えている。

◎著者一覧

瀧音能之　別掲

執筆…02・03・04・08・09・10・18・22・25・26・27・28・29・31・32・38・39・46・47・49・51・57・58・59・60・63・67・68・69・70・71・72・73・79・80・87・90・91・92・93・94・95・96・97・100・

岩津啓太　駒澤大学大学院人文科学研究科研究生

執筆…07・42・48・54・56・64・78・82・88・89

佐藤雄一　駒澤大学大学院人文科学研究科研究生

執筆…41・43・44・45・61・62・65・66・76・77・

鈴木織恵　神々の国しまね実行委員会学芸専門員

執筆…05・06・11・12・13・14・15・16・17・19

瀧音　大　早稲田大学大学院人間科学研究科博士課程

執筆…01・20・21・23・40・52・74・75・81・83・84・85・86・98・99

八馬朱代　日本大学非常勤講師

執筆…24・30・33・34・35・36・37・50・53・55・

《編者略歴》
瀧音　能之（たきおと　よしゆき）
1953年、北海道生まれ。駒澤大学文学部教授・島根県古代文化センター客員研究員。
主な著書は、『伊勢神宮と出雲大社』（監修　青春出版社）、『古事記と日本書紀でたどる日本神話の謎』（青春出版社）、『古代出雲の社会と交流』（おうふう）、『日本古代の郾と都』（編　岩田書院）、『古代出雲を知る事典』（東京堂出版）など。

古代人なるほど謎解き一〇〇話

2012年3月20日　初版印刷
2012年3月30日　初版発行

編　　者　瀧　音　能　之
発 行 者　松　林　孝　至
D　T　P　株式会社明昌堂
印刷製本　図書印刷株式会社

発行所　株式会社　東京堂出版
〒101-0051　東京都千代田区神田神保町1－17
電話　03-3233-3741　振替　00130-7-270

ISBN978-4-490-20775-0　C0021